U0085353

劉　勰

劉　綱　紀　著

世界哲學家叢書

1989

東 大 圖 書 公 司 印 行

劉勰／劉綱紀著

臺北市：東大出版：三民總經銷，民78

[8],213面；21公分－－（世界哲學家叢書）

參考書目：面208

含索引

ISBN 957-19-0016-8（精裝）

ISBN 957-19-0017-6（平裝）

Ⅰ（南北朝）劉勰－學識－哲學　Ⅰ.劉綱紀著

123.5/373 8777

© 劉　勰

著　者　劉綱紀

發行人　劉仲文

出版者　東大圖書股份有限公司

總經銷　三民書局股份有限公司

印刷所　東大圖書股份有限公司

地址／臺北市重慶南路一段六十一號二樓
郵撥／〇一〇七一七五－〇號

初版　中華民國七十八年九月

編　號　E 12058

基本定價　叁　元

行政院新聞局登記證局版臺業字第〇一九七號

ISBN 957-19-0017-6

《世界哲學家叢書》總序

　　本叢書的出版計劃原先出於三民書局董事長劉振強先生多年來的構想，曾先向政通提出，並希望我們兩人共同負責主編工作。一九八四年二月底，偉勳應邀訪問香港中文大學哲學系，三月中旬順道來臺，即與政通拜訪劉先生，在三民書局二樓辦公室商談有關叢書出版的初步計劃。我們十分贊同劉先生的構想，認為此套叢書（預計百冊以上）如能順利完成，當是學術文化出版事業的一大創舉與突破，也就當場答應劉先生的誠懇邀請，共同擔任叢書主編。兩人私下也為叢書的計劃討論多次，擬定了「撰稿細則」，以求各書可循的統一規格，尤其在內容上特別要求各書必須包括 (1) 原哲學思想家的生平；(2) 時代背景與社會環境；(3) 思想傳承與改造；(4) 思想特徵及其獨創性；(5) 歷史地位；(6) 對後世的影響（包括歷代對他的評價），以及 (7) 思想的現代意義。

　　作為叢書主編，我們都了解到，以目前極有限的財源、人力與時間，要去完成多達三、四百冊的大規模而齊全的叢書，根本是不可能的事。光就人力一點來說，少數教授學者由於個人的某些困難（如筆債太多之類），不克參加；因此我們曾對較有餘力的簽約作者，暗示過繼續邀請他們多撰一兩本書的可能性。遺憾

的是，此刻在政治上整個中國仍然處於「一分為二」的艱苦狀態，加上馬列教條的種種限制，我們不可能邀請大陸學者參與撰寫工作。不過到目前為止，我們已經獲得八十位以上海內外的學者精英全力支持，包括臺灣、香港、新加坡、澳洲、美國、西德與加拿大七個地區；難得的是，更包括了日本與大韓民國好多位名流學者加入叢書作者的陣容，增加不少叢書的國際光彩。韓國的國際退溪學會也在定期月刊《退溪學界消息》鄭重推薦叢書兩次，我們藉此機會表示謝意。

原則上，本叢書應該包括古今中外所有著名的哲學思想家，但是除了財源問題之外也有人才不足的實際困難。就西方哲學來說，一大半作者的專長與興趣都集中在現代哲學部門，反映著我們在近代哲學的專門人才不太充足。再就東方哲學而言，印度哲學部門很難找到適當的專家與作者；至於貫穿整個亞洲思想文化的佛教部門，在中、韓兩國的佛教思想家方面雖有十位左右的作者參加，日本佛教與印度佛教方面卻仍近乎空白。人才與作者最多的是在儒家思想家這個部門，包括中、韓、日三國的儒學發展在內，最能令人滿意。總之，我們尋找叢書作者所遭遇到的這些困難，對於我們有一學術研究的重要啟示（或不如說是警號）：我們在印度思想、日本佛教以及西方哲學方面至今仍無高度的研究成果，我們必須早日設法彌補這些方面的人才缺失，以便提高我們的學術水平。相比之下，鄰邦日本一百多年來已造就了東西方哲學幾乎每一部門的專家學者，足資借鏡，有待我們迎頭趕上。

以儒、道、佛三家為主的中國哲學，可以說是傳統中國思想與文化的本有根基，有待我們經過一番批判的繼承與創造的發

展，重新提高它在世界哲學應有的地位。為了解決此一時代課題，我們實有必要重新比較中國哲學與（包括西方與日、韓、印等東方國家在內的）外國哲學的優劣長短，從中設法開闢一條合乎未來中國所需求的哲學理路。我們衷心盼望，本叢書將有助於讀者對此時代課題的深切關注與反思，且有助於中外哲學之間更進一步的交流與會通。

　　最後，我們應該強調，中國目前雖仍處於「一分為二」的政治局面，但是海峽兩岸的每一知識份子都應具有「文化中國」的共識共認，為了祖國傳統思想與文化的繼往開來承擔一份責任，這也是我們主編《世界哲學家叢書》的一大旨趣。

傅偉勳　韋政通

一九八六年五月四日

代序——大陸哲學界的「苦行僧」劉綱紀教授

　　中國大陸的武漢大學哲學系美學教授劉綱紀，專為我們的《哲學家叢書》撰寫《劉勰》一書，跳過《文心雕龍》的美學與文學批評理論範圍，而就劉勰的整個哲學思想進行統盤性的分析與批評，完全免於馬列教條的陳腐論調，自有他的獨特見地，細心的讀者不難看出。由於此書是第一位大陸學者專家為臺北東大圖書公司（版權亦屬該公司）撰寫，而在海峽此岸正式出版的頭一部學術論著，對於海峽兩岸之間超政治的進一步文化學術交流具有歷史性的象徵意義，我不得不為他代寫簡單的序言。

　　前年（一九八七）春天，我應邀再訪中國大陸各大學術機構講學一個月，五月下旬渡過長江三峽抵達武漢，逗留一天，往訪武漢大學哲學系。我在拙文〈兩岸處境與中國前途〉（收在拙著《「文化中國」與中國文化》，一九八八年東大圖書公司出版）提及此事，說道：「我在武漢大學哲學系與蕭萐父教授等二十多位教授座談時（由我先講自己的「創造的詮釋學」），在座的劉綱紀當場贈我去年同時出版的自著《藝術哲學》與《美學與哲學》。他與李澤厚合編《中國美學史》第一卷，我曾在《文星》雜誌論介過，為人短小精悍，說理亦極精銳」（該書第三三〇頁）。但因交談不多，那時除此之外無甚印象。

　　去年（一九八八）四月底我又應邀三訪大陸講學，五月特由武漢大學哲學系主動邀請，訪問該校三天，並做兩次正式的學術

演講。我自北京抵達武漢機場時，該系講師郭齊勇（專攻熊十力哲學，並有專著）之外還有劉綱紀教授親自趕到機場迎接，令我深深感動。當天中午就在他家當座上客，暢飲暢談，彼此的印象加深不少。郭講師說，他在武漢大學有「苦行僧」的綽號，因他苦學勤修之故；譬如他那時贈我的《中國美學史》第二卷，共有六十五萬字，完全是他在一兩年內獨自撰成的，治學之勤，功力之深，令人嘆賞。我當時就邀請了他，撰寫《劉綱》一書，他欣然同意，只費半年即成書稿，由我帶回臺北，交與三民書局的王韻芬小姐，請她設法早日印行。

劉綱紀是今日大陸美學界的佼佼者，設有美學研究室，擔任博士研究指導教授，又兼大陸美學研究會副主席，以及各種學術期刊編輯顧問。他又擅長書法，他在我面前當場揮毫，書下柳宗元的一首〈江雪〉：「千山鳥飛絕，萬徑人蹤滅；孤舟簑笠翁，獨釣寒江雪」，並贈我留念，至今掛在我的客廳門上。他的書法有獨特的個性，有「天馬行空」之勢，頗富奇才之氣。據我的觀察，他處事簡單，不談政治，全部精神貫注在美學及其他哲學方面的學術研究；具有哲學家的風骨，且為人誠摯可親，在今日大陸實不多見。我衷心盼望，他在不久的將來能有適當的機緣訪問寶島臺灣，與海峽此岸的學術界人士對談交流，當有助於兩岸學者在文藝批評、美學以及哲學思想方面的進一步探討與發展。

傅偉勳

一九八九年元月三十一日
於美國費城北郊

劉 勰 目次

緒言：劉勰的生平和他的《文心雕龍》

劉勰其人的生平是怎樣的？感謝《梁書·文學傳》爲劉勰立了傳，雖然講得很爲簡略，給我們現在的研究帶來了不少困難，但終究是彌足珍貴的。此外，劉勰的《文心雕龍》以及他的另外兩篇留存至今的文章：〈滅惑論〉和〈梁建安王造剡山石城寺石像碑〉，當然也是我們了解劉勰生平思想的重要史料。

劉勰字彥和，史書說他是東莞莒人，即今山東莒縣人。但山東莒縣早在東晉時就淪陷了，後來東晉明帝在京口（今江蘇鎮江）僑置南東莞郡，所以劉勰的祖父和父親都住在京口。這是一個離南京很近，又常有文人學士會聚的地方，想來對劉勰的成長會有某些影響。

劉勰的生年和卒年，史無明文記載。根據若干學者的考證，他生於宋明帝泰始元年（西元 465 年）前後。這是得到絕大多數人承認的，因爲據以推定的材料很爲可靠。劉勰的卒年則有種種不同的說法，目前似還難以論定。本書傾向於范文瀾先生的說法，即約卒於梁武帝普通元二年（西元 520-521 年）。這樣，劉勰大約活了五十六、七歲。

劉勰的家世也不太清楚。他的祖父名靈眞，宋司空劉秀之的弟弟，事迹不可考，大約未做過官。父親名尙，官至越騎校尉，

是一個不重要的小官。在南朝，社會上很重世族與素族之分。從種種跡象看，劉家大約屬於素族。

劉勰早孤，家境貧困，但他和當時的許多文人一樣，篤志好學。他到了婚娶的年齡未結婚，以後也終身未娶。大約在齊永明（齊武帝年號，始於西元 483 年）中，他到今南京紫金山定林寺（亦稱定林上寺）依著名佛學家僧祐而居，前後有十餘年。在此期間，他從僧祐學習，史書說他「遂博通經論，因區別部類，錄而序之。今定林寺經藏，勰所定也。」僧祐在當時的佛學家中，是一個致力於佛經文獻的整理研究的人。他繼東晉名僧道安編的《綜理眾經目錄》（原本已佚）之後，編輯了《出三藏記集》，對東漢至梁所譯經、律、論三藏的目錄、序記和譯者傳記等加以整理著錄，是我國現存第一部經目，有很高的史料價值。此外，他還編輯了《法苑記》、《世界記》、《釋迦譜》及《弘明集》等重要的佛教文獻。僧祐在傳法之外，還要作這樣浩繁的佛教文獻整理工作，沒有助手是很難辦到的。而助手中的主要人物，應是劉勰。不少研究者已經指出，現存僧祐編定的著作的序記，細究其文風思想，很可能有些篇出自劉勰的手筆。劉勰對佛教文獻的整理編定作出了自己的重要貢獻。而他之所以能勝任這一工作，當然不僅同他對佛教文獻的學習研究分不開，而且同他對中國古代典籍和文章的學習修養分不開。因為後者是整理研究佛教文獻必具的條件。大約從和僧祐在一起整理研究佛教文獻的時候開始，劉勰還從事於佛教碑銘（這是南朝興盛起來的一種重要的文體）的寫作。史稱「勰為文長於佛理，京師寺塔及名僧碑誌，必請勰製文。」由此可見，他當時已是佛教碑銘的著名作家。他寫的碑銘數量甚多，現所知者有的只存目錄，唯一留存至今的是

〈梁建安王造剡山石城寺像碑〉一篇，宋孔延之《會稽掇英總集》卷十六全文收錄。這篇碑銘頗長，洋洋灑灑，甚有氣勢，而又結構嚴謹。其中描寫石城自然環境及讚美造像成功的部份，很富於文學性，殊非一般老套死板的碑銘可比。

劉勰早年就入定林寺依僧祐而居，積極從事佛教文獻的整理研究工作和佛教碑銘的寫作，而且從上述留存至今的，約寫於天監十五年三月至十七年三月之間的碑銘中還可感受到劉勰有一種頗為誠摯的宗教情感，但劉勰在入寺之後卻未變服出家。這種情況，是和劉勰既信佛也信儒分不開的，而且看來儒在他的思想中占有更為重要的地位。

在齊梁時期，不少文人都是既信佛又信儒的，兩者完全可以並行不悖。以齊永明中創造了文學上的「永明體」的周顒和沈約來說，前者自稱「心持釋訓，業愛儒言。」（〈答張融書難門律〉）後者寫了〈均聖論〉，認為佛是聖，周、孔也是聖，「內聖外聖，義均理一。」在〈內典序〉中，沈約又說：「且中外羣聖，咸載訓典，雖教有殊門，而理無異趣。故真、俗兩書，遞相扶獎，孔發其端，釋窮其致，撤網去綱，仁惠斯在。」劉勰的思想和周、沈相似。他曾寫了一篇駁斥當時道教對佛教的攻擊的文章〈滅惑論〉，因收入《弘明集》而得保存至今。其中說：「經典由權，故孔、釋教殊而道契；解同由妙，故梵、漢語隔而化道。但感有精粗，故教分道俗；地有東西，故國限內外。其彌綸神化，陶鑄羣生，無異也。」這正是沈約〈均聖論〉、〈內典序〉的思想。有的論者曾認為劉勰既信佛，那末他的《文心雕龍》就應是以佛學為指導的；或者反過來說，他的《文心雕龍》既是尊儒的，那末他的信佛就是不真實的。這都是不明齊梁時期

思想狀況的簡單化的論斷。

　　不過，在儒、佛兩者之間，劉勰實更偏於儒，或者說他是以一個儒者的身份而信佛的。劉勰在《文心雕龍・序志》中說：

> 予生七齡，乃夢彩雲若錦，則攀而採之。齒在踰立，則嘗夜夢執丹漆之禮器，隨仲尼而南行；旦而寤，迺怡然而喜，大哉聖人之難見也，乃小子之垂夢歟！自生人以來，未有如夫子者也[1]。

這裏提到的「夢彩雲」的「彩雲」，是西晉以來不少文人很感興趣的，以之為題作賦的很有不少。這一方面是為了歌頌昇平，另一方面又同西晉崇尚文采的綺麗分不開。劉勰夢彩雲如錦，攀而採之，看來是他在《文心雕龍・諸子》中所說「唯英才特達，則炳曜垂文，騰其姓氏，懸諸日月」這樣一種願望的表達，即希望以文章表見於世，同時也含有以他自幼即是能文的「英才」自許的意思。這明顯是儒者文人的理想。劉勰接著又說他在過了孔子所說的「而立」之年後夢見了孔子，執丹漆之禮器隨孔子而南行，醒後無比喜悅，盛讚孔子之偉大，這當然再也清楚不過地表現了劉勰對儒家的理想是何等嚮往！在《文心雕龍・程器》中，劉勰又十分明確地講到他的做一個「梓材之士」的理想，那就是「摛文必在緯經國，負重必在任棟梁，窮則獨善以垂文，達則奉時以騁績」。出身不高，家境清寒的劉勰，顯然從少年時代就做着儒家理想的夢，他是具有儒家積極入世的精神的。這一點對理

---

[1]　本書引《文心雕龍》文，均依王利器校箋《文心雕龍校證》一書。

解劉勰的思想很重要。他的入定林寺依僧祐而居，一方面是因爲對他這樣一個家境清寒，又立志要有所作爲的靑年來說，寺院或不失爲一個進行學習、待時而動的好地方，另一方面也因爲他受著當時思想風氣的影響，和周顒、沈約等人一樣，認爲佛教與儒學在最後的宗旨上是一致的，殊途而同歸的。此外，佛學在當時不少士人看來，也是學術的一個重要方面。如《梁書·處士傳》載，何胤「師事沛國劉瓛，受《易》及《禮記》、《毛詩》，又入鐘山定林寺聽內典，其業皆通。」《梁書·文學傳》又載，任孝恭「少從蕭寺雲法師讀經論，明佛理」。由此足見劉勰的入定林寺，並無什麼難於理解的地方。劉勰有志於儒而又博通佛教經論，這對於擴展他的知識和思想視野無疑也起了良好的作用。

　　劉勰的儒家理想把他引向了對一種廣義的文學即包含各種應用文體在內的文章學的研究。這是由於七歲夢彩雲而攀之的劉勰性喜文章之美，欲以文章名於世。同時也因爲齊梁時期文章對文人的出仕具有很重要的作用，超過了經學。如《梁書·江淹、任昉傳論》所說：「二漢求賢，率先經術，近世取人，多由文史。」劉勰撮筆和墨，不論經學而論文章，寫下了使他名揚後世的《文心雕龍》，這是一個重要原因。據研究者考證，《文心雕龍》之作，約在永泰元年（西元498年）八月以後，中興二年（西元502年）四月之前，即齊明帝已死，蕭衍代齊之前，中間經過四年多的樣子。但此書體大思精，篇幅甚巨，其醞釀構思，當需不止四年的歲月。從其中〈序志〉的贊中說「逐物實難，憑性良易。傲岸泉石，咀嚼文義」來看，可以想見此書是劉勰在長時期寂寞自處中苦心求索的產物。所謂「傲岸泉石」，當指他在定林寺度過的脫離世俗，形同隱居的生活。

劉勰的《文心雕龍》寫成後，史稱「未爲時流所稱。」其故我在《中國美學史》第 2 卷第17章中言之甚詳，這裏從略。時流雖不表示欣賞，劉勰卻「自重其文」，決心取定於當時文壇泰斗沈約。但「約時貴盛，無由自達。乃負其書候約出，干之於車前，狀若貨鬻者。約便命取讀，大重之，謂爲深得文理，常陳諸几案。」劉勰這種取定於沈約的做法，在有地位的文人看來自然是很爲卑下的，同時也明顯表現了劉勰終於耐不住寂寞，而欲有所表見於世的急切心情。但劉勰「自重其文」的精神和沈約獎拔後進的精神，都是可嘉的。有的論者認爲沈約稱許《文心雕龍》是由於其中論及了沈約所提出的聲律問題並表示贊同，這是一種皮相之見。實際上，文章（特別是詩）須講聲律當時雖有爭議，但已得到不少有影響的文學家的贊同，並已付之文學實踐，像劉勰這樣一個地位低下的文人的贊同與否是無足輕重的。沈約稱許此書，還是因爲他看出了此書確實「深得文理」。這「文理」顯然又不是僅指詩而言，而是包含《文心雕龍》所論各種應用文體的寫作在內的文章學原理。既爲當世詞宗，在政治上又身居高位的沈約，自然是重視和諳熟這各種應用文體的寫作，而能對劉勰的論述是否有當作出判斷的。此外，在儒佛問題上，劉勰具有和沈約的〈均聖論〉類似的思想，對文藝的基本看法也與沈約相近，這可能也是《文心雕龍》得到沈約稱許的原因。

大約由於《文心雕龍》得到了沈約的稱許，劉勰佛儒兼通又擅於爲文，以及他追隨多年的僧祐在梁王室中有很大影響等原因，劉勰於天監（西元 502 年）初年得奉朝會請召。雖然這還不是一個有職有權的官，但是劉勰入仕的重要的一步。此後，中軍臨川王宏讓他兼任記室，這是一個專掌文翰的官職。在任記室

期間，他還曾與僧旻、僧智等人同集上林寺撰《眾經要抄》。以後又升任車騎倉曹參軍，出爲太末縣（今浙江衢縣）令，史稱「政有清績」。後又改官仁威南康王績記室，兼東宮通事舍人，深得喜好文學的昭明太子的愛接。在此期間，劉勰曾上表崇佛的梁武帝，建議祭天地與社稷神（所謂「二郊農社」）應如祭宗廟一樣改用蔬果，不用犧牲，以完全符合佛教不殺生的教義。此議得到了採納，劉勰遷升步兵校尉，且仍兼東宮通事舍人。這顯然是對劉勰的褒獎，也是他從政的頂點。時約在天監十七年（西元 518年）八月以後。

　　劉勰在達到他從政的頂點之後，大約沒有多長時間，便發生了重要的變故。史稱「有敕，與慧震沙門於定林寺撰經。證功畢，遂啟求出家，先燔鬢髮以自誓。敕許之。乃於寺變服，改名慧地。未朞而卒。」這段話講得很突然，又相當含糊隱晦。加上未指明時間，因而引起了現今研究者關於劉勰卒年的爭議。我們知道，劉勰所追隨的僧祐是在天監十七年五月去世的，劉勰還曾爲他寫了碑銘。僧祐死後，定林寺再次撰經，派劉勰去參加是很自然的。但撰經完畢，自入定林寺後始終未變服出家的劉勰即採取「先燔鬢髮以自誓」這樣的方式向梁武帝表明出家的決心，出家未滿一年即死去，這只能以劉勰和梁武帝或其朝臣之間發生了某種嚴重衝突，劉勰在政治上遭到梁武帝拋棄來解釋。因爲入定林寺後始終未出家的劉勰，在遷升步兵校尉之後，應當是大有利於實現他的「達則奉時以騁績」的「梓材之士」的理想的時候了。如無重大變故，是不會想到出家，並以燔鬢髮這種特別方式來向梁武帝表示出家的決心的。由於歷來的封建王朝都充滿著各種相互傾軋的陰謀活動，史書既無明文記載，千載之下的我們，也難

於推求其間的原因了。我在《中國美學史》第 2 卷中論述劉勰的
生平時曾經指出：

> 從佛家的觀點看來，劉勰的入仕可以說是一場夢，而且是
> 一場並不美妙的夢，沒有什麼特別可以稱許的地方。倒是
> 那在入仕之前所寫的，融進了劉勰青年時代的理想和熱情
> 的《文心雕龍》，使他在歷史上留下了自己不滅的足迹。
> 〈序志〉的最末一句話說：「文果載心，余心有寄。」的
> 確，劉勰一生的真正的寄托不是在他曾經孜孜以求的功名
> 中，而是在《文心雕龍》中。這是他的悲哀之處，但同時
> 也正是他的幸運之處，也可以說是他的偉大之處。（《中
> 國美學史》第 2 卷第 600 頁）

《文心雕龍》歷來被看作是一部文學理論或文章學理論的著
作，但它也是一部具有強烈的哲學性質的著作，其中包含著劉勰
的重要的哲學思想。劉勰不但是一個文學理論家或文章理論家，
而且也是一個哲學家、佛學思想家[2]。

王更生先生曾在他的《文心雕龍研究》中指出，《文心雕龍》
是「子書中的文評，文評中的子書，」「決非『文學評論』或
『文學批評』所能範圍。」[3] 這個看法，我以為相當敏銳地抓住
了《文心雕龍》的重要特徵。但《文心雕龍》之所以可以子書觀
之，當然不是由於其中有一章〈諸子〉，而是因為它頗為全面地

---

[2] 關於劉勰的佛學思想見本書最後一章。
[3] 我迄未見到王氏的《文心雕龍研究》一書，這是從牟世金著《臺灣
　　文心雕龍研究鳥瞰》一書中得知的。

總結了先秦以來關於文學、文章的理論，並且形成了中國古代文藝理論中差不多是絕無僅有的一個完整嚴密的理論體系，具有章學誠所指出的「體大而慮周，」「籠罩羣言」的特點（《文史通義・詩話》）。此外，劉勰認爲「蓋文章之用，實經典枝條，五禮資之以成，六典因之致用，君臣所以炳煥，軍國所以昭明，詳其本原，莫非經典。」（《文心雕龍・序志》，以下引此書只注篇名）劉勰把文章中的種種問題都追溯到古代的經典，直至《周易》，因此他就把文學問題同中國古代思想文化的發生發展密切聯繫起來，把文學問題的解決提到了宇宙論、本體論的高度，企圖從一個廣大的思想視野來給文學的本質以一種尋根究底的理論說明，而不是僅就文學談文學。這樣，劉勰對文學的研究就突破了文學的範圍，而同子書探究的更廣大的問題聯繫起來了。這些問題，在中國歷來就包含了最高的哲學問題。說《文心雕龍》是「文評中的子書」，我以爲不僅因爲它體大慮周，籠罩羣言，而且還因爲它已進入子書所探究的哲學問題的領域，並以鮮明的哲學思想（最集中地表現在〈原道〉中）統領貫穿全書。所以，《文心雕龍》不僅是文學理論著作，同時也是哲學著作。如果按西方的看法，把對文藝的哲學探討、美學也看作是哲學的一個部份，那末《文心雕龍》當然更可以作爲哲學著作來看待。

自漢末魏晉以來，文人中存在着一種欲著子書，以立言不朽的相當強烈的希望。如漢魏之際的徐幹著《中論》，曹丕稱讚他「成一家之言，辭義典雅，足傳於後，此子爲不朽矣。」（〈與吳質書〉）西晉的葛洪，曾講到以詩賦聞於時的陸機，也曾有著子書的打算。「陸平原作子書未成，吾門生有在陸君軍中，常在左右，說陸君臨亡曰：『窮通時也，遭遇命也，古人貴立言以不

朽，吾所作子書未成，以此爲恨耳！』」（《抱朴子》逸文）著了《抱朴子》的葛洪自己更是十分重視子書，以爲其價值遠在詩賦之上，批評一般人「貴愛詩賦淺近之細文，忽薄深美富厚之子書。」（《抱朴子·尙博》）從《文心雕龍·諸子》來看，劉勰也從立言不朽的思想出發，給了子書以極高的評價。他說：

> 諸子者，入道見志之書。太上立德，其次立言。百姓之羣居，苦紛雜而莫顯；君子之處世，疾名德之不章。唯英才特達，則炳曜垂文，騰其姓氏，懸諸日月焉。

劉勰著《文心雕龍》是爲了論文，但同時又不甘於僅僅論文，而力求向子書靠近。他的《文心雕龍》以〈原道〉始，以〈序志〉終，也正好符合他所說諸子是「入道見志之書」的說法。

劉勰論文的著作之所以成了「文評中的子書」，就劉勰主觀方面的條件而言，除了他有著書立言不朽的強烈願望之外，大致上還有三個原因。第一是劉勰博通中國古代經典和歷代著述，並把它和文學的考察結合起來了；第二是劉勰還博通佛教經典，比一般的儒者文人有更廣濶的知識和思想資料；第三是劉勰充分理解和高度評價了魏晉玄學理論思辯的成就，認爲「師心獨見，鋒穎精密，」「銳思於幾神之區，」「交辯於有無之域，」是「論之英，」「獨步當時，流聲後代。」同時，深研了佛學的劉勰還指出佛學的思辯有「動極神源」，爲玄學所不及的地方。（引文均見《論說》）劉勰研究了玄學和佛學的思辯，具有相當高的哲學思維能力。關於劉勰的思維方法，我們將專章加以評述。

作爲哲學家的劉勰，旣和中國古代儒家、道家的傳統相聯

（同時還吸取了其他各家），又和魏晉玄學以及東晉至齊梁佛學
的發展相聯，是這三者陶冶、孕育的產物。就齊梁思想的發展而
言，這時哲學的發展主要是包含在佛學的發展之中。特別是梁代
關於神滅與神不滅的大辯論，具有重要的哲學意義。這意義決不
僅僅在主張神滅論的方面，主張神不滅論的一方同樣有不可忽視
的貢獻。這是一個尚待深入研究的問題。在純粹屬於佛學的範
圍之外，齊梁哲學的內容是相當貧乏的。與劉勰同時代的劉峻
（西元 462-521 年）著有〈辨命論〉，稍晚於劉勰的朱世卿（生
卒不詳）著有〈性法自然論〉，文章不長，都有若干哲學意義。
但其思想的豐富性、廣度與深度，遠不及劉勰的《文心雕龍》。
所以，撇開劉勰在佛學方面的思想不談，齊梁時期在佛學範圍之
外所表現出來的哲學思想，當首推《文心雕龍》一書。但現有的
中國哲學史著作，似不見有把劉勰作為哲學家來加以考察的。這
不能說不是一個缺憾。本書願為此作一點初步的努力，以就正於
大方之家。

壹　自然主義

以「自然之道」，即認爲天地萬物（自然界）的生成變化是自然而然的思想來解釋自然現象和包括文學在內的文化、社會政治倫理道德現象的發生、形成和變化，是劉勰哲學思想的根本，貫穿在《文心雕龍》全書之中。因此，劉勰的哲學思想，從世界哲學的範圍看，是一種屬於自然主義（Naturalism）的哲學。

一　自然主義的含義

廣義而言，自然主義哲學的根本之點，就是從自然本身去說明自然，並且用自然的原因去解釋文化、社會政治、倫理道德現象。凡屬主張這種觀點的哲學家，不論其屬於哪一派別，都可說具有自然主義的哲學思想。持這種觀點的哲學家，不論在西方或中國的哲學史上，都爲數甚多。所以，自然主義是哲學史上有相當廣泛影響的一種哲學思想。

但是，自然主義作爲一個哲學流派，是現代的產物。它的中心在美國。在現代美國哲學中，自然主義占有重要的地位。雖然它也常常和其哲學流派（如實用主義、批判的實在論）交叉在一起，但不僅明確地提出，而且積極地宣揚「自然主義」，這卻是

西方古代和近代哲學中所未見的，至少也是不如在現代哲學中這樣地明確和受到很大的重視。如杜威(John Dewey) 的哲學是實用主義的，但他也是一位重要的自然主義哲學家。因爲他提出了「經驗的自然主義」，而且這在他的哲學中具有十分重要的根本性的意義。被視爲批判實在論者的桑塔耶那 (Geroge Santayana)，他的 《 理性與生活 》 一書，顯然鮮明地闡述了一種自然主義哲學 。 同樣也被視爲批判實在論者的塞拉斯 (Roy Wood Sellars)，更明顯地是一位自然主義的哲學家。還有，馬克思早年也曾一度把他的哲學稱之爲「徹底的自然主義」（見《1844年經濟學哲學手稿》）。在倫理學的研究方面，20世紀以來出現了以拉蒙特 (C. Lamont)、埃德爾 (A. Edel)等人爲代表的自然主義倫理學，並產生了重要影響。

在中國古代，也有著深厚的自然主義的哲學傳統，但當然具有和西方自然主義不同的特點。劉勰的自然主義哲學是中國古代自然主義哲學發展的一個環節，並且是一個有其自身的獨創性的重要環節。因此，爲了闡明劉勰的自然主義哲學，需要對中國古代自然主義哲學的發生發展作一個簡略的歷史回顧。

二　中國古代自然主義哲學的歷史回顧

中國的自然主義哲學和西方的自然主義哲學比較起來，在西方，自然主義哲學的發展是同自然科學密切聯繫在一起的。「自然主義」這個詞中的「自然」，首先就是指的自然界。而「自然主義」的含義，首先也就是指用自然界本身去說明自然界，以及用自然界的原因去說明社會、文化、政治、倫理等現象。在中國

古代，自然主義哲學不能說同自然科學沒有關係，但顯然沒有像西方那樣密切而直接的關係。而且，在中國古代，「自然」這個詞在絕大多數情況下並不是用以指西方所說的自然界，而是指宇宙萬物的發生和變化是自然而然的，非人爲的（詳下）。用以指自然界的，是另一個詞：「天」。當然，在中國古代哲學中，如馮友蘭先生指出過的，「天」這個詞有多種含義。但是，當「天」這個詞用於指天地萬物的時候，即使它也可能包含著某種和神有關的意思，這個「天」也還是與西方所說的自然界相聯，不能脫離自然界的。這時說「天」是「自然」的，亦即說天地萬物、自然界的屬性、功能、變化等等是自然而然的，非人爲的。中國古代的自然主義哲學看來有兩大明顯的特點：第一、由於它主要不是同自然科學相聯繫的，因此它主要不是爲了求得對自然現象，而是爲了求得對人類社會現象（包括政治、倫理、文化等等）的解釋。即使它也解釋自然現象，最後仍是爲了解釋人類社會現象。第二、當它用自然界（亦即上述意義的「天」）去解釋自然現象和人類社會現象時，它特別強調的又是「天」的一切屬性、功能、變化等等都是自然而然的、非人爲的。這兩點都有重要的哲學意義。就第一點說，它強調了人和人類社會的存在，與自然界不能分離，兩者是內在地相通、一致、統一的。就第二點說，它強調了自然界的生成變化具有無自覺意識的、非人力所能干預的特點。這種看法曾引向了宿命論，但也曾引出了一種順應自然的變化以征服自然的積極有爲的思想（如荀子和《淮南子》的思想）。除此之外，更爲重要的是它引出了一種人生哲學和政治哲學，即以自然無爲爲人類最理想的狀態。這是中國古代自然主義哲學中一個具有深刻理論意義的重大問題，也是從道家至魏晉玄

學所討論的中心問題。這種人生哲學和政治哲學讚美大自然，認
爲它的一切活動都是沒有自覺的意圖和努力，自然而然的，但卻
又合規律而合目的地生出了天地萬物。如果個體和人類社會的存
在和發展也能如此，那就達到了一種最理想的境界。在許多類似
這樣的大同小異的說法中，中國古代的自然主義哲學實際上提出
了一個自然與自由相統一的深刻的哲學問題，並且認爲眞正的自
由必定是符合於自然的。

　　中國古代自然主義哲學的鼻祖是道家。老子明確提出了「道
法自然」（《老子》第二十五章）的重要命題，以「自然」爲
「道」的根本的屬性、功能。而所謂「自然」也就是「無爲」的
意思，卽一切純任自然。老子所謂的「道」不是柏拉圖式的「理
式」，或黑格爾的「絕對理念」，而是一種渾沌未分、包容無限
的實體性的存在，不是觀念性的東西。「道」生出天地萬物，同
時又存在於天地萬物之中。正因爲這樣，作爲「道」的根本屬性
的 「自然」 是同天地萬物的生成變化分不開的， 所以老子說：
「輔萬物之自然而不敢爲 。」（《老子》第六十四章）老子在中
國古代哲學中引入了「自然」、「無爲」的概念，提出「道法自
然」以及「道常無爲」（此語見《老子》第三十七章）的根本思
想，成爲後來中國歷代自然主義哲學的宗師。

　　道家鼓吹「自然」，儒家弘揚「仁義」。前者推崇純任自
然，後者倡導人爲進取。從現代哲學的觀點看，如果說道家哲學
是中國古代的自然主義，那末儒家哲學則接近（不是等同）於人
格主義（Personalism）。但是，這並不意味著儒家與自然主義無
關。相反，以荀子爲代表的儒家一派和深受荀子一派影響的《易
傳》，吸取了道家思想，在儒家的範圍內發展了自然主義。後面

我們可以看到，這個從荀學到《易傳》的儒家自然主義，給了劉勰的自然主義哲學以深刻的影響。

荀子的自然主義思想首先表現在他對「性」與「僞」的區分上。在荀子看來，「凡性者，天之就也，不可學，不可事。」「感而自然，不待事而後生之者也。夫感而不能然，必且待事而後然者，謂之生於僞。」（《荀子‧性惡》）這就是說，「性」是人天生的自然本性，不須後天的學習就能具有。值得注意的是荀子還講到「性」是「感而自然」的，明確使用了「自然」這個概念。但荀子認爲人的天生的自然本性是惡的，所以需有「僞」，卽需通過人的後天的學習、修養、實踐，才能從惡變善，具有人之所以爲人的道德品性。荀子關於「性僞之分」的種種論述，十分明確地指出和肯定人的最初的本性是自然而然地生成的，非人爲的，這正是荀子自然主義思想的表現。在講到宇宙萬物的生成變化時，荀子又說：「列星隨旋，日月遞炤，四時代御，陰陽大化，風雨博施，萬物各得其和以生，各得其養以成，不見其事而見其功，夫是之謂神。皆知其所以成，莫知其無形，夫是之謂天。」（《荀子‧天論》）這顯然吸收了道家思想，把宇宙萬物的生成變化看作是自然無爲的，更爲清楚地表現了荀子在宇宙論上的自然主義思想。但是，站在儒家立場上的荀子反對道家那種一切純任自然的思想，主張「制天命而用之」，卽積極地征服占有自然界，使「天地官而萬物役。」（引文均見〈天論〉）此外，道家的自然主義是對儒家倡導的仁義道德採取批判的態度的，而儒家的自然主義則恰好是要用自然主義去論證仁義道德的永恒合理性。這一點，在《易傳》中得到了很大的發展。

《易傳》是對《易經》的闡釋。通過這種闡釋，《易傳》建

立了儒家哲學中最有系統性的一個理論體系。這個體系是包羅萬象，以確立一個宇宙模式爲其特徵的。從它所論基於陰陽的交互作用的宇宙萬物的生成變化來看，這種變化具有「變動不居，周流六虛，上下無常，剛柔相易，不可爲典要，唯變所適」的特點（引文見〈繫辭下傳〉），也就是自然而然的，非人爲地規定的。《易傳》顯然吸取了道家的「道法自然」以及上述荀子論宇宙變化的自然主義思想，但《易傳》全書無一處出現「自然」這一概念。這顯然是因爲《易傳》站在儒家立場上，和荀子一樣不取道家鼓吹的自然無爲的思想。而且，它還通過對宇宙論的闡述，大力發展和論證了荀子的積極有爲的思想。但是，和荀子不同，荀子認爲天的自然變化和人事禍福、國家興亡無關，《易傳》則認爲天的自然變化能夠顯示和人事禍福、國家興亡密切相關的、至爲重大的道理，提出了「神道設教」的思想，並從宇宙論上對儒家關於社會政治倫理文化的思想作了一種系統的自然主義的論證。所以，《易傳》是儒家自然主義的最集中、最系統的表現，包含著十分豐富而深刻的思想。

在兩漢，《淮南子》發展了道家的自然主義，不但把它變爲一種積極有爲的思想，而且把道家那種本來是高度抽象思辨的哲學和中國古代的自然科學知識結合起來，對宇宙的生成問題作了許多描述說明。《淮南子》關於「天地之自然」、「自然之勢」的反復強調和論述（引文見《淮南子·原道訓》）給了劉勰的哲學以明顯的影響。劉勰的《文心雕龍》以「原道」開篇，看來也很可能是效法《淮南子》。在《淮南子》之後，董仲舒、揚雄、王充發展了儒家自然主義思想。董仲舒所說的「天」是有意識，並具有「仁」的道德品格的「天」，但它終究又不是超自然並創

生自然的人格神。「天」的意向是表現在自然界萬物的變化中，並通過這種變化而爲人感知的。董仲舒提出的「天人感應」說，是對《易傳》認爲天地變化與人事政治密切相關的思想的發展。揚雄的《太玄》對《易傳》的思想作了一種很爲獨特的闡釋，顯然吸取了道家思想，並明確地強調了「自然」的觀念。這在揚雄的《法言》中也有清楚的表現。《法言》認爲「天」不可能「雕刻眾形」，萬物的生成是自然無爲的。在論及生死問題時，又明確提出「自然之道」的觀念。 王充在他的《論衡》中專門寫了〈自然篇〉，並且毫不掩飾地指出他是「試依道家論之」的。但王充的自然主義最後仍歸於儒家的倫理道德，所以仍屬儒家自然主義的範疇。王充反復論證「天自然無爲者」、「天道自然」，並且也明確提出了「自然之道」的說法。他說：「妖氣爲鬼，鬼像人形，自然之道，非或爲之也。」他還認爲各種「祥瑞」，以及「河出圖，洛出書」都是出於「自然」的。「如天瑞爲故，自然焉在？ 無爲何居？ 」「夫天地安得以筆墨爲圖書乎？ 天道自然，故圖書自成。」（引文均見《論衡·自然》）王充的自然主義較之《易傳》更具體、更徹底，並且給了劉勰以直接的影響。

　　魏晉玄學從道家思想出發，並對《易傳》作了一種思辨性的哲學研究（不同於漢人從宇宙論角度出發的研究），集中地發展了道家自然主義認爲自然無爲是人生和社會政治的理想狀態的思想。強調「自然」是魏晉玄學的鮮明特色。何晏、王弼的玄學均標舉「自然」。如何晏說：「自然者，道也」（《無名論》）；王弼說：「天地任自然，無爲無造。」「道不違自然，乃得其性。」（《老子注》）阮籍、嵇康也同樣推崇「自然」。如阮籍提出「天地生於自然」（〈達莊論〉），「不通於自然者不足以

言道」（〈大人先生傳〉）；嵇康認爲「夫推類辨物，當先求自然之理」（〈聲無哀樂論〉），又提出「君道自然」（〈太師箴〉），「越名教而任自然」（〈釋私論〉），等等。郭象的《莊子注》也反復講到「自然」，並對道家所說「自然」的含義作了十分簡明準確的陳述。他說：「天地以萬物爲體，而萬物必以自然爲正。自然者，不爲而然者也。」（〈逍遙遊〉注）魏晉玄學對「自然」的推崇也明顯地影響到對玄學論辯作了極高評價的劉勰。

　　東晉至齊梁的佛學由於深受玄學影響，因此也常以「自然」的觀念來解釋佛學的思想。如慧遠以「自然」解釋因果報應，認爲「罪福之應，惟其所感，感之而然，故謂之自然。」（〈明報應論〉）竺道生也以「自然」解釋「頓悟」，認爲「夫眞理自然，悟亦冥符。」「理數自然，如果熟自零。」（湯用彤：《魏晉南北朝佛教史》下冊第 658-659 頁）

　　梁時，與劉勰同時代的劉峻寫了〈辨命論〉，時代晚於劉勰的朱世卿寫了〈性法自然論〉，兩者都以道家「自然」的觀念來講人的命運問題。前者說：「夫道生萬物，則謂之道；生而無主，謂之自然。自然者，物見其然，不知所以然。」後者說：「夫萬法萬性，皆自然之理也。夫唯自然，故不得遷而貿矣。」兩文均有某些憤世嫉俗之意，但最後都歸結爲一種平凡的宿命論。較之於也講宿命論的郭象，淺薄多了。但由之可以看出，「自然」觀念在梁時的影響仍然很大。

三　劉勰的自然主義哲學

劉勰的自然主義哲學是同他的美學密切聯繫在一起的。但在這裏我將着重分析劉勰的自然主義的哲學方面，而將美學問題放到本書第四章中加以專門的論述。

（1）思想淵源

劉勰博通典籍，他的自然主義哲學是在廣泛地吸收前人思想的基礎上建立起來的。從劉勰自然主義哲學構成的思想淵源上看，有一個重要的特點，那就是以《易傳》的自然主義爲基礎，同時又鮮明地吸取了道家「自然」的觀念。此外，如前已指出，《淮南子》、揚雄、王充、魏晉玄學對「自然」的觀念的強調、闡發，以至東晉以來佛學中的「自然」觀念，都對劉勰有所影響。但劉勰的自然主義哲學在根本上是和《易傳》一致的。由道家而來的「自然」這一觀念之所以在劉勰的自然主義哲學中占有很重要的地位，是因爲劉勰企圖借助於這一觀念來闡明《易傳》的自然主義哲學和構成自己的自然主義哲學，而不是在根本上接受道家思想。

劉勰是大力主張「宗經」的，而在儒家經典中他最爲重視的是《周易》。在《文心雕龍‧宗經》中，他首先標舉的就是《周易》：「夫《易》惟談天，入神致用。故《繫》稱旨遠言文，言中事隱；韋編三絕，固哲人之驪淵也。」劉勰對於《周易》，從思想到文辭都無比讚美，並且敏銳地看出了它是「哲人之驪淵」，卽達到了哲人探求眞理的極致。集中地表現了劉勰自然主義哲學的〈原道〉，極爲明顯地是依據《易傳》的根本觀點來立

論的。連《文心雕龍》全書篇數的確定，也是「彰乎大易之數，其爲文用，四十九篇而已。」（〈序志〉）除去〈序志〉之外，剛好四十九篇，符合於《易‧繫辭上》所謂「大衍之數五十，其用四十有九」的說法。

　　在劉勰之前，從漢代到魏晉，《周易》都是一本引起了極廣泛的注意研究的重要經典，對《周易》的研究已成爲一門專門的學問。但是，漢人是著重從宇宙論角度來研究的，而魏晉的玄學家則是從道家哲學思辨的角度來研究，極少注意和宇宙論相關的具體問題。劉勰對《周易》的理解基本上與漢人相同，這表現在他對《周易》的看法上面。他說：「《易》惟談天，入神致用」（〈宗經〉），明顯把《周易》看作是一本「談天」的著作，卽與宇宙論相關的著作。這也正是漢代司馬遷、董仲舒、揚雄、王充等人的看法。如董仲舒說：「《易》本天地」（《春秋繁露‧五杯》），揚雄說：「說天者莫辨乎《易》」（《法言‧寡見》）。由於劉勰像漢人一樣從宇宙論的角度看《周易》，所以他不像玄學家那樣通過對《周易》的研究、詮釋去追求、論證一種超越形色名聲的絕對自由的本體，而十分重視天地的運動變化及其所表現出來的豐富多采的感性世界。下面我們還可以看到，劉勰對《周易》的具體解釋也是同漢人的看法相關的。但是，劉勰又並未簡單地否定玄學家對《周易》的研究。他稱讚「王弼之解《易》，要約明暢，可爲式矣。」（〈論說〉）實際上，劉勰的解《易》是吸取了玄學的研究成果的，比漢人解《易》更帶有理論的思辨性。此外，王弼的《周易注》也已經開始用道家「自然」的觀念來解《易》。如「損」卦「彖辭」注說：「自然之質，各定其分。短者不爲不足，長者不爲有餘。損益將何加焉？」

這很可能也影響到劉勰。

《周易》中的《傳》，一些學者認爲其思想源出於荀學。本書同意此種看法，這裏不來詳說。值得注意的是，推崇《易傳》的劉勰，對荀子也作了極高的評價。他認爲荀子的思想屬於「純粹」的儒家（〈諸子〉），又說「荀況學宗，而象物名賦，文質相稱，固巨儒之情也。」（〈才略〉）劉勰《文心雕龍》對歷史上不少人物的評價常常是有褒有貶，對於荀子則有褒無貶，讚美之情溢於言表。劉勰的哲學、美學思想，在不少方面融入了荀子的思想。此外，《易傳》的思想同陰陽五行家的思想有明顯的聯繫，而劉勰對陰陽五行家也甚有好感。他說：「騶子養政於天文」；（〈諸子〉）又說：「鄒子以談天飛譽，騶奭以雕龍馳響」（〈時序〉）。但《易傳》只講陰陽，不講五行，劉勰則對五行思想也給以肯定（見〈書記〉）。

(2) 體系結構

以自荀學而來的《易傳》爲本，同時又吸取道家及其他各家的思想，劉勰構成了他自己的哲學。這個哲學的諸方面，雖然在表述上常常比較零散，分見於《文心雕龍》全書各章，但如加以一種總體的、綜合的、系統的考察，卽可見出劉勰是有自己的一個哲學體系的。

這個體系，有兩個相互聯繫的基本方面，一個是「道」，另一個是「文」。「道」的方面包含了中國古代哲學所討論的宇宙論、本體論問題。「文」的方面，包含了《易傳》所討論的「天文」、「人文」問題，當然也包含劉勰作了詳細論述的文章、文學問題。但在劉勰的思想中，後一方面的問題是從屬於前一方面

的。因爲劉勰是從《易傳》所說「天文」、「人文」問題出發，導引出在文章、文學意義上理解的「文」的。這也是劉勰之所以可以看作是一個哲學家，他對文章、文學的論述之所以具有哲學的高度和深度的重要原因。而《易傳》所說的「天文」、「人文」問題，本質上是從極廣泛的意義來看的人類文化哲學問題。劉勰對這個問題十分重視，同時又具體討論了作爲文章、文學來理解的「文」的問題，因此劉勰的自然主義哲學有一個重要特徵，那就是和文化哲學密切相關，可以看作是一種自然主義的文化哲學。這是他的自然主義哲學同中國歷史上其他自然主義哲學不同之處。雖然「天文」、「人文」的思想是由《易傳》提出的，但它在《易傳》中所占的地位遠不如在劉勰的思想中這樣重要、突出。劉勰在論述「天文」、「人文」問題時提出了重要的哲學和美學思想。他在由「天文」、「人文」導引出文章、文學時，又涉及了「心」的作用，「心」與「物」、「言」（語言）的關係等問題，提出了一些具有認識論和美學意義的思想。總之，「文」（包括「天文」、「人文」和作爲文章、文學的「文」）的問題是劉勰哲學中一個基本的，也是重要的方面，其中包含的思想是相當豐富的。

在「道」與「文」的關係上，劉勰從「道」引出「文」，認爲「文」是「道之文」（〈原道〉），是「道」的顯現和對「道」的彰明（〈原道〉：「因文以明道」）。「道」屬於本體的範疇，「文」屬於現象的範疇，但兩者又是相通、一致，統一而不可分的。劉勰對「道」和「文」以及兩者關係的論述，決不是一個僅僅和文學、文章相關的問題，而是一個有重要哲學意義的問題。因爲它所涉及的首先不是文學、文章問題，而是「天文」、

「人文」問題，「道」與「天文」、「人文」的關係問題。這實際上是宇宙的本體、規律同人類文化的產生和形成、實質和功能的關係問題。它是中國古代哲學所關注的一個重大問題。而一般所說的文學、文章問題，是從屬於這個更為根本的問題的●。

從總體上看，一方面是「道」及與之相關的諸問題，另一方面是「文」及與之相關的諸問題，這兩方面的統一就是劉勰哲學體系的構成。下面我們先來分析一下劉勰哲學體系的兩個基本方面及其所涉及的種種問題，然後再對他的哲學的構成作一個更為具體的說明。

(3)　「道」的分析

劉勰所講的「道」是《易傳》所講的「道」，但又引入了道家的「自然」觀念以及漢代王充等人所特別重視的「氣」的觀念，從而形成了具有劉勰自己的特色的「道」論。

劉勰是立足於《易傳》來講「道」的，這在他的〈原道〉中表現得十分清楚。劉勰說：「道沿聖以垂文，聖因文以明道，旁通而無滯，日用而不匱。《易》曰：『鼓天下之動者存乎辭。』辭之所以能鼓天下者，迺道之文也。」這都是直接來自《易傳》的根本思想，其中所講的「道」明顯是《易傳》所講的「道」。此外，劉勰始終是和「文」相聯繫來講「道」的，認為「道」與「文」不能分離，這也正是《易傳》的基本思想，而明顯不同於道家。道家只講「道」，不講「文」，當然更不把「文」與「道」相聯。因為「文」是儒家所特有的概念，它包含著儒家所

● 參見〈「藝」與「道」的關係〉，載拙作《藝術哲學》一書。

倡導的政治倫理、禮儀規範、文物典章，這正是道家所堅決反對的。在道家看來，儒家對「文」的重視追求破壞了人類應有的「自然」狀態，也破壞了人所生活的外部自然界，不但是毫不可取的，甚至是一種罪惡。如儒家很重視各種器物、特別是禮器的製作、雕刻、文飾，而《莊子·馬蹄》中說：「夫殘樸以爲器，工匠之罪也。」從道家發展而來的魏晉玄學，雖然不像道家那麼強烈地否定「文」，但同樣不把「道」與「文」的關係作爲自己所討論的基本問題。僅就劉勰對「道」與「文」的關係的看法來看，也可見劉勰所講之「道」是《易傳》之「道」，不是道家、玄學之「道」。

《易傳》所說的「道」，相對於作爲它的外在表現的「天文」、「人文」來說，明顯具有本體論的意義。因爲「天文」、「人文」都是「道」的「象」，屬於有「形容」可見可擬的「形而下」的「器」，而不是不可見不可擬的「形而上」的「道」（見《易·繫辭》）。對此，劉勰也曾指出：「夫形而上者謂之道，形而下者謂之器。神道難摹，精言不能追其極；形器易寫，壯辭可得喻其眞。」（〈夸飾〉）這是和《易傳》相同的看法。但又已加入了劉勰對語言文學的看法。這一點，後面再談。

《易傳》以「形而上」的「道」爲本體，但它對「道」的了解與道家很不相同。這種不同，主要表現在以下幾個方面。對於這些方面，劉勰也都有所闡發。

第一、道家所說的「道」是產生萬物並存在於萬物之中，但又是不可以名言加以規定的；《易傳》之「道」則不同，它是有著完全明確的規定的。《易傳》說：「《易》之爲書也，廣大悉備：有天道焉，有人道焉，有地道焉。」（〈繫辭下〉）又說：

「立天之道，曰陰曰陽；立人之道，曰柔曰剛；立人之道，曰仁曰義。」（〈說卦傳〉）這裏，「天道」與「地道」合起來就是自然界的「道」，「人道」則是人類社會之「道」。所以，就《易傳》之「道」本身而言，並沒有什麼不可名言的東西，它就是自然界的陰陽剛柔的變化之「道」和人類社會的仁義之「道」。而後者又是從前者而來的，因此「天道」、「地道」、「人道」是完全統一的，其中最高的是陰陽變化之「道」。因此，《易傳》又說：「一陰一陽之謂道。」（〈繫辭上〉）和道家比較起來，道家把「道」看作是不可名言的，其意義是要強調「道」具有一種不爲任何個別有限事物所限定的無限性，因此「道」存在於個別有限事物中，但又是超越個別有限事物的自由、無限。就這方面說，道家（以及玄學）之「道」包含著對自由、無限的深刻理解。但由於對個別有限事物採取完全不經心的超越的態度，結果又只能達到黑格爾所指出的那種東方式的「渺茫的無限」（《哲學史講演錄》中譯本第 1 卷第 117 頁）。《易傳》對於「道」作了完全明確的規定，相對於道家來說，它把「道」有限化了，但同時又把「道」具體落實到了現實的自然和社會人生之中。道家雖然是中國古代自然主義哲學的鼻祖，並且熱烈地讚美自然，但實際上仍是用一種超越的態度去對待自然。只有從荀學而來的《易傳》的自然主義才眞正是立足於現實的自然的。這是《易傳》的自然主義的偉大之處。劉勰充分地體現了《易傳》的這種精神，並且發展了這種精神。這不僅表現在他應用《易傳》關於「道」的思想來說明文學，更重要地是表現在他提出和強調了「自然之道」。關於後者，將在下面加以論述。關於前者，這裏只簡單舉出一個例子。如《易傳》說：「天地設位而易行乎其

中矣」（〈繫辭上〉），又說：「剛柔者，立本者也。變通者，趨時者也」（〈繫辭下〉），劉勰據此提出了他的文學理論：「情理設位，文采行乎其中。剛柔以立本，變通以驅時。」（〈鎔裁〉）這是不是一種簡單的套用、比附呢？不是的。關於這個問題，我們將在評述劉勰的美學思想時再作較詳細的討論。

第三、《易傳》對「道」作了完全明確的規定，但又沒有把「道」變成一種簡單機械地就可以把握的東西。相反，它強調指出，「神無方而易無體」，「陰陽不測之謂神」（《繫辭上》）。「道」的顯現無方無體，變化莫測，但又是可以通過人的創造性的努力而認知的。所以《易傳》說：「知變化之道者，其知神之所為乎。」（〈繫辭上〉）又說：「窮神知化，德之盛也。」（〈繫辭下〉）在《易傳》看來，「道」的變化是「無常」的，「不可為典要」的（同上），但又是「至賾而不可惡」，「至動而不可亂」的（同上），亦即合規則的。承認自然變化的合規則性，是自然主義哲學的一個特點。《易傳》同樣承認它，但又不把它視為一種簡單機械的規則，這是一大優點。劉勰也充分理解和發揮了這一思想。他說：「陰陽盈虛，五行消息，變雖不常，而稽之有則也。」（〈書記〉）他又把這一思想應用於解釋文學的創造，提出「設文之體有常，變文之數無方」（〈通變〉），「詩有恒裁，思無定位」（〈明詩〉）等切合文學創作實際的思想。

第四、在道家，「道」是「無為」的，一切純任自然，「輔萬物之自然而不敢為」（《老子》第六十四章）；在《易傳》，「道」是有為的，它要求人的自強不息。「富有之謂大業，日新之謂盛德，生生之謂易。」「君子將有為也，將有行也，問焉而以言，其受命也如嚮。」（〈繫辭上〉）君子不怕艱難險阻，「險

在前也，剛健而不陷，其義不困窮矣。」（〈需卦象辭〉）《易傳》也說過「易，無思也，無爲也，寂然不動，感而遂通天下之故。」（〈繫辭上〉）但這是形容「易」的作用的神妙，並非教人無爲。而且這種神妙的作用，目的是爲了「通天下之故」。《易傳》十分關心「天下」，「道」的最終目的是爲了「舉而措之天下之民」，「鼓天下之動」（同上）。《易傳》充滿剛健進取的精神，這是中華民族的偉大精神。劉勰對這種精神有深刻的理解與體驗，並把它變成了自己的人格精神（詳下章），貫徹到了他的全部文學、美學思想之中。「風骨」論的創立，「通變」說的闡揚，都是這種精神的鮮明而深刻的體現。關於「風骨」，將另行討論，這裏只來略說「通變」問題。劉勰認爲「通變無方，數必酌於新聲。故能騁無窮之路，飲不竭之源。」「文理之數」是沒有窮盡的，有些人不能作出新的創造，並不是因爲「文理之數」已盡，「乃通變之術疏耳。」劉勰最後說：「文律運周，日新其業。變則堪久，通則不乏。趨時必果，乘機無性。望今制奇，參古定法。」（引文均見〈通變〉）這裏洋溢著一種來自《易傳》的果敢的變革創新精神，深信文學的創造是沒有止境的。在《文心雕龍》中，這種精神在許多地方實際上已壓倒了劉勰那種具有保守性的「宗經」精神。

　　劉勰說過：「知音其難哉！音實難知，知實難逢，逢其知音，千載其一乎！」（〈知音〉）在魏晉南北朝時期，劉勰可以說是《易傳》的眞正的知音。雖然王弼當時被看作是研究《周易》的權威，劉勰也對他作了肯定的評價，但王弼實際上是把《周易》當作一種重要的思想資料來建構闡發他的玄學。對於《周易》中那種立足於現實的自然和社會人生的積極進取之「道」，

他是很隔膜的，乾脆把它取消了。在他的眼裏，《周易》在根本上是一本講道家、玄學所說的「無爲」的書。這完全不符合《周易》實際具有的思想。儘管王弼通過對《周易》的詮釋而發揮出了不少很爲重要的哲學思想，但在把握《周易》實際具有的思想的精神實質上，他遠不及劉勰。

劉勰決不僅僅是《易傳》原有思想的宣揚者，他對《易傳》思想的理解是創造性的。他將《易傳》的思想應用於對文學的解釋也不是一種簡單的教條式的套用，而是已經融會貫通，成了他自己的思想的血肉。特別重要的是，他在《原道》中用「自然之道」的觀念來闡發《易傳》的思想，這是對《易傳》自然主義哲學的豐富和加深。

「自然之道」這一觀念不是劉勰首先提出的。從我們前面對中國古代自然主義哲學的簡略回顧中可以看出，至遲在揚雄那裏已開始有了這種說法。至於它的含義，在劉勰之前也早已有許多人作了很明白的解釋。所謂「自然」，意卽自然而然，它是和人爲的概念相對立的。「自然之道」，意卽說自然而然是事物產生、變化的根本法則或規律。「自然」作爲一個哲學概念由道家首先確立。但在道家那裏，它不但是和人爲相對立的概念，而且是排斥和否定人爲的。劉勰在魏晉以來，「自然」這一概念在哲學以致佛學中影響很大的情況下吸取了這一概念，同時又去除了道家所賦予它的排斥、否定人爲的含義，用它來闡明《易傳》所說「天文」、「人文」的產生和變化。如在說明「龍鳳以藻繪呈瑞，虎豹以炳蔚凝姿」這種顯然是《易傳》也言及的屬於「天文」的現象時，劉勰說：「夫豈外飾，蓋自然耳。」在講到「人文」的產生時，劉勰又說：「心生而言立，言立而文明，自然之

道也。」❶（引文均見〈原道〉）《易傳》所講到的「河圖」、「洛書」，劉勰也認爲其產生是自然而然的，不是人爲的。他說：「河不出『圖』，夫子有歎，如或可造，無勞喟然。」（〈正緯〉）這和我們前面已指出王充在《論衡・自然》中的看法是相同的。本來，就《易傳》而言，細審它的種種論述，實際上也認爲天地萬物、「天文」、「人文」的產生是自然而然的。但很可能是因爲自先秦以來，「自然」這一概念專屬道家，明確地意味着「無爲」，同《易傳》所主張的「有爲」的思想剛好相反，所以《易傳》全書無一處使用「自然」這一概念。而劉勰不爲《易傳》所束縛，引入這一概念來說明「天文」、「人文」的產生，這就使《易傳》的自然主義哲學思想在新的歷史條件下，從理論上得到了更鮮明、更深刻的說明和論證。與此同時，劉勰又仍然堅持着《易傳》的積極有爲的思想，認爲「爰自風姓，曁於孔氏，玄聖創典，素王述訓，莫不原道心以敷章，研神理而設教，取象乎河洛，問數乎蓍龜，觀天文以極變，察人文以成化；然後能經緯區宇，彌綸彝憲，發揮事業，彪炳辭義。」（〈原道〉）這些話，再也清楚不過地表明，用「自然之道」來詮釋《易傳》的劉勰，一點也沒有脫離《易傳》那種面向現實社會人生的奮發進取的精神。這又使得在魏晉南北朝這一歷史時期，劉勰所講的「自然之道」旣不同於王弼等玄學家所講的「無爲」之「道」，也不同於劉勰的同時代人劉峻、朱世卿所講的完全是宿命論的「自然之道」。劉勰在當時的思想界獨樹一幟，達到了當時所能達到的最高的思想境界。

---

❷　這是《易傳》未論及，而由劉勰獨立提出的一個重要思想。詳後。

　　除引入「自然之道」外，從《文心雕龍》全書可以看出，劉
勰十分重視漢人，特別是從王充而來的「氣」的觀念。他對王充
《論衡》中的〈氣壽篇〉（劉勰稱爲〈養氣〉）給了很高評價，
認爲「驗己而作，豈虛造哉！」（〈養氣〉）「氣」也是劉勰用
以論文學的一個根本性的概念，《文心雕龍》全書鮮明地體現了
劉勰所說的「重氣之旨」（〈風骨〉）。本來，細審《周易》，
它也是以陰陽二氣的交互作用來說明天地萬物的生成變化的。被
《易傳》視爲最高概念的「太極」（劉勰在〈原道〉中也述及了
它），實際是包含著陰陽的渾沌未分的元氣。對此，我在《中國
美學史》第 2 卷已作了分析論證❸，這裏從略。但是，《周易》
對天地萬物的生成變化的看法雖然包含著「氣」的觀念，卻又是
隱而不顯的，並沒有把「氣」作爲一個根本範疇來看待。到了漢
代，《周易》受到很大重視，許多人從宇宙論的角度來具體研究
它，極大地強調了「氣」的觀念。王充在《論衡・談天》中說：
「說《易》者曰：『元氣未分，渾沌爲一。』」這是當時佔主導
地位的看法。王充本人也正是用自然元氣來說明天地萬物和人的
產生的最重要的代表。他認爲「天地，含氣之自然也。」（〈談
天〉）「形須氣而成。」「精神本以血氣爲主，血氣常附形體。」
（〈論死〉）這些看法，給了劉勰以直接的影響。如劉勰說：
「情之含風，猶形之包氣。」（〈風骨〉）「才力居中，肇自血
氣。」（〈體性〉）「聲含宮商，肇自血氣。」（〈聲律〉）
「才有庸儁，氣有剛柔。」（〈體性〉）「精理爲文，秀氣成
采。」（〈徵聖〉）都顯然與王充的看法相近、相同。劉勰把

---

❸　參見該書第 664—076 頁。

「氣」提到重要位置，以之來解釋《易傳》的思想，這又從一個重要的方面豐富、深化了《易傳》的思想，並使《易傳》的自然主義哲學思想更爲清晰、具體而易於理解。劉勰在〈原道〉中講了「天文」、「人文」的產生出於「自然之道」，沒有明確講「氣」的問題，但他說人「爲五行之秀」，在上引〈徵聖〉中又說「精理爲文，秀氣成采」，並且在《文心雕龍》各篇中廣泛地講到文章和作爲文章的創造者的人與「氣」的密切關係。由此可以看出，劉勰所說的「自然之道」是和「氣」不能分離的，從而也是和「天文」、「人文」的產生不能分離的。這是對《易傳》的更深入的闡釋，是劉勰研究《易傳》的創獲。

如前已指出，《易傳》認爲「一陰一陽之謂道」。劉勰從三個方面創造性地詮釋了《易傳》所說的「道」。第一、他依據「自然之道」的概念，十分明確地指出了「道」的產生天地萬物是自然而然的，非人爲的。從而，自然界（天地萬物）的生成變化是自然而然的，只能從自然界本身去加以說明。這是較《易傳》遠爲明確的自然主義觀點。第二、劉勰把「自然之道」和王充所講的自然元氣論結合起來，認爲天地萬物以及人本身都是由「氣」所產生、形成的。因此，「自然之道」也就表現在「氣」的運行、變化有它自身的、自然而然的、非人爲的規律、道理。這又把《易傳》的自然主義哲學更爲明確、具體，清楚地放置在物質性的「氣」這一根基之上。第三、《易傳》雖然認爲「天文」、「人文」都是由「道」所產生的，但它並沒有明確、集中地論述「道」如何產生「文」，以及「道」與「文」的相互關係。對此，劉勰作了重要的發揮。這留待下面再作詳細的討論。

除以上所說之外，在對《易傳》之「道」的理解上，劉勰還

論述了《易傳》的另一個重要思想。這就是認為由「道」而產生
的天地萬物的變化，旣是一種自然現象，但同時又包含着和向人
啟示着與人事吉凶、國家興亡相關的種種重大而深遠的道理。所
以，《易傳》提出「觀乎天文以察時變」（〈賁卦象辭〉）和
「神道設教」（〈觀卦象辭〉）的思想。八卦的製作就是古之王
者庖犧氏「觀天文以察時變」的產物，也是「天地變化，聖人效
之。天垂象見吉凶，聖人象之」（〈繫辭上〉）的產物。八卦是
一些象徵性的符號，它旣指稱著各種自然現象，同時又被認為啟
示了某種和人事政治相關的重大道理。所以，它被認為具有「以
通神明之德，以類萬物之情」的無比重大的作用。關於《易傳》
的這些思想的實際意義，我們在下面還將加以討論。這裏要指出
的是：由於《易傳》認為天地萬物的自然變化含有和人事政治相
關的重大意義，因此《易傳》所說的「道」，旣是天地萬物自然
變化之「道」，又是人事政治倫理之「道」，兩者是合一而不可分
的。劉勰在〈原道〉中論述了上述《易傳》的思想。他說：「人
文之元，肇自太極，幽讚神明，《易象》為先。庖犧畫其始，仲
尼翼其終。」「道沿聖以垂文，聖因文以明道。」這裏包含有劉
勰對「人文」的產生以及「道」與「文」的關係等下面我們將要
討論的問題的重要看法。僅就對「道」的看法而言，劉勰完全贊
成《易傳》認為天地萬物的自然變化之「道」，同時也就包含了人
事政治的倫理之「道」這一根本思想。但是，從《文心雕龍》的
其它篇章來看，劉勰認為「聖訓宜廣，神教宜約。」（〈正緯〉）
又說君子「忠信可矣，無恃神焉。」（〈祝盟〉）由此看來，劉
勰雖然贊成《易傳》的「神道設教」的思想，卽贊成天地萬物的
自然變化包含有和人事政治相關的重大道理，但他認為這種「神

教」不宜太多，更重要的還是「聖人」關於政治倫理的各種明顯
可知的教訓。對於君子來說，最重要的也是恪守「忠信」，而不
是對神的盟誓祝告。所以，較之於《易傳》，劉勰對「道」的理
解更少神秘色彩，更多理性精神。這也是劉勰的自然主義哲學比
《易傳》更爲優越之處。儘管劉勰是相信佛學的，但他實際只把
佛學看作是一種有利於補充、實行儒學的思想，並且主要是把它
作爲一種思想學說、人生哲理來加以研究的，不同於世俗的一般
的宗教信仰者（詳本書〈佛學思想〉章）。

(4) 「文」的分析

　　關於「文」的問題，主要包含這樣三個方面：「文」的含義
與功能、「文」的產生、「文」與「道」的關係。劉勰對這三個
面的看法都來自《易傳》，但又作了重要的創造性的發揮。

　　「文」是儒家思想的帶有根本性的重要概念，《易傳》極大
地發展了它。《易傳》所說的「文」具有三重含義。第一指天地
萬物存在和變化的種種形態、形象。如〈繫辭下〉中所說庖犧氏
「仰則觀象於天，俯則觀法於地；觀鳥獸之文與天地之宜，近取
諸身，遠取諸物」，所指的即是觀察天地萬物存在和變化的種種
形象。這裏直接提到了「鳥獸之文」，但「文」這一概念不僅指鳥
獸皮毛的花紋，而且還泛指天地萬物存在變化的種種複雜形象。
所以〈繫辭上〉又說：「易與天地準，故能彌綸天地之道。仰以
觀於天文，俯以察於地理。」這裏的「天文」之「文」顯然包含
天地萬物存在變化的種種形象、形態在內。第二，「文」指依據
天地萬物存在變化的種種形象而製作出來，用以察知、判定人事
吉凶禍福的卦象。也就是上文已指出過的，「天垂象見吉凶，聖

人象之。」由於八卦是由線的重疊錯置組成的，故稱爲「文」。第三，「文」指「聖人」用以闡明卦象所具有的吉凶禍福含義的語言文字，也稱之爲「辭」。「文」所具有的這三層含義是互相聯繫的，《易傳》又對它作了一個基本的區分，把指天地萬物存在變化的形象這一意義上的「文」稱之爲「天文」，而把後兩層意義上的「文」，即卦象和解釋卦象的文辭稱之爲「人文」。但根據《易傳》的根本思想，「天文」本身就是具有重大的政治倫理意義的，「人文」當然更是如此。所以，「人文」這一概念也可泛指儒家所說的政治倫理、禮儀規範、文物典章等等。總之，它就是在一種廣泛的意義上了解的人類文化。而所謂「天文」的觀念，認爲自然現象的存在變化具有和人事政治密切相關的重大意義，明顯保存了遠古對自然的迷信觀念，但同時又深刻地體現了人類的生存和人類的整個文化的發生和形成都與自然不能分離這一極爲重要的思想。所以，「天文」雖然是指自然現象，不同於人類所創造的「人文」，但就其與人類的生存和人類整個文化的發生形成不能分離而言，它也是人類文化的一個基本的、重要的、不可缺少的組成部分。在這意義上，「天文」之「文」也具有「人文」之「文」的含義。

中國哲學自古以來高度重視文化問題，中國確乎是一個「文化中國」❹。上述政治倫理、禮儀規範、文物典章等等問題，是歷代哲人不斷在討論著的。但只有到了《易傳》，文化問題才被提到了哲學的高度，得到了系統的哲學論證。《易傳》關於「天文」、「人文」的理論是中國古代最有系統的文化哲學，同時也

❹ 參見傅偉勳先生在《哲學與宗教》一至三集中的論述。

是一種自然主義的文化哲學，即把自然看作是人類文化產生的根源，主張人類文化是與自然不可分離的。這在現代仍然有其不可忽視的重大意義。

　　被人們看作是單純的文學理論家的劉勰，他首先關注的是文化問題，因爲他是把文學作爲整個中國文化的一部分來加以觀察研究的。他的「宗經」思想，一方面具有保守性，另一方面又鮮明地表現了劉勰對中國古代文化的熱愛與高度重視。他認爲五經「含文」（〈宗經〉），「經」是中國文學的源頭，這一思想有其不可否認的合理性。他的「正末歸本」（〈宗經〉），「還宗經誥」（〈通變〉）的思想，旣保守，但又有使文學的發展不脫離中國文化的深厚根基的意思。這一點，對當代中國文學的發展來說，仍有其值得注意的意義。

　　由於劉勰旣是根據《易傳》的思想來探討文學問題的，同時又把文學問題看作是整個文化問題的一部分，因此他對《易傳》關於「天文」、「人文」的思想給以了高度的重視。他的〈原道〉是講「道」，但目的是講「文」，並且是從「文」的問題開始的。劉勰開宗明義就說：「文之爲德也大矣，與天地並生者何哉！」這句話很重要，但歷來鮮有解之而能妥貼、通暢者❺。這裏的「文」是指《易傳》所說的「天文」、「人文」，它包含一般所說的文學、文章，但不是僅指文學、文章。由於從「天文」可以「察時變」，由「人文」（卦象及解釋卦象的文辭）可以「通神明之德」，「類萬物之情」，所以劉勰說「文之爲德也大矣」。這裏對「文」之「德」的讚美，在句式上與《易傳》中所說「著

---

❺　我在《中國美學史》第 2 卷中的解釋現在看來也有毛病，這裏的解釋是對過去的解釋的修正。

之德圓而神，卦之德方而知」（〈繫辭上〉類似。「文之爲德」
的「德」，應釋爲「文」具有的功能、屬性。由於「天文」爲天
地萬物所本有，「人文」又是以「天文」爲根據和源於「天文」
的，所以劉勰說「文」是「與天地並生」的。當然，「人文」是
在天地萬物產生後，由人創造出來的，因此難於說「人文」也
「與天地並生」。這一點，《文心雕龍》的注釋者、研究者常常
感到困惑。我認爲如從「人文」的始基、根源上看，劉勰的說法
仍可講通。說「人文」「與天地並生」，即是說「人文」的產生
與天地的產生不能分離。就在〈原道〉中，劉勰又說過「人文之
元，肇自太極」的話，把「人文」的產生追溯至天地未生之前渾
沌未分的元氣，這也仍是從「人文」產生的終極的根源來說的。

　　劉勰〈原道〉開宗明義的第一句話提出了兩個問題，一個是
「文」的功能的問題，另一個是「文」的產生的問題。

　　在《易傳》，它所說的「文」，不論「天文」、「人文」，
其首要的重大的功能在於能夠顯示與人事政治相關的重大道理，
這是《易傳》反復地加以強調的。但是，自古以來儒家所說的
「文」又是同美、飾相聯的。《論語》中所說「文質彬彬」之
「文」，顯然有美、飾的意思。《易傳》也繼承了這種思想，如
〈革卦象辭〉中說：「大人虎變，其文炳也。」「君子豹變，其
文蔚也。」這裏的「炳」、「蔚」均有美意。但在整個《易傳》
中，「文」和美相關這個方面的意義，只在個別地方附帶涉及，
是隱而不顯的。劉勰則不同，他一方面完全肯定「文」具有重大
的政治倫理意義，另一方面又空前地突出了「文」的美的意義。
他以很多美麗的文詞，熱情洋溢地描繪了「天文」之美。如：
「玄黃色雜，方圓體分，日月疊璧，以垂麗天之象；山川煥綺，

以舖地理之形。」「傍及萬品，動植皆文。」「龍鳳藻繪」、「虎豹炳蔚」、「雲霞雕色」、「草木賁華」、「林籟結響」、「泉石激韻」，都是無比美麗的。天地日月，山川草木，飛禽走獸，泉石流水，雖然都是「無識之物」，但都「鬱然有彩」，人為「有心之器，其無文歟？」。顯然，這和《易傳》中所描繪的「天文」世界很不相同。《易傳》中的「天文」世界雖然也含有美，但同時又是一個處處充滿政治倫理意義，並深奧難知地預示著人事吉凶禍福的世界，連一隻飛鳥也有著顯示吉凶的意義。「飛鳥以凶，不可如何也。」（〈小過象辭〉）劉勰不否認「天文」有人事政治的意義，但他描繪的「天文」世界卻首先是一個美的世界，一個給人以感官的快適、審美的愉怡的世界。劉勰極大地強調了「天文」亦即大自然的種種形象對人所具有的審美的意義和價值，這是對《易傳》的「天文」觀念的豐富和發展，也是魏晉以來「文的自覺」的表現。中國哲學自古以來很為重視大自然對人所具有的審美的意義與價值，這是一大優點。但像劉勰這樣熱烈地讚美大自然的美，並給以一種宇宙論的哲學論證，在歷代思想家中沒有第二人。他在〈原道〉中對大自然美的那種具有繪畫的透明感的，光華而輕妙的描繪，是很為難得的。把他對天地日月、雲霞草木、龍鳳虎豹、山林泉石的描繪合而觀之，正是一幅全景式的大自然的美的圖畫❻。

　　對「文」的產生的問題，如前已指出，劉勰是用「自然之道」加以說明的。劉勰說：「雲霞雕色，有踰畫工之妙；草木賁華，無待錦匠之奇；夫豈外飾，蓋自然耳。」這是就「天文」的

---

❻　但是，同我在《中國美學史》第 1 卷所說《易傳・乾卦》對天地的那種具有崇高感的描繪比較起來，兩者的趣味是不同的。

產生而言的，清楚地說明「天文」不是人工的作爲的結果，而是
自然而然地生成的。這種思想明顯然受到道家的影響。《莊子》
書中一再讚嘆「道」「雕琢萬物而不爲巧。」（〈大宗師〉）這
就是說，萬物如「雕琢」而成，但「道」的生出萬物卻完全是自
然無爲的，不是有意地「雕琢」的結果。《韓非子》、揚雄《法
言》中也都有類似的思想，卽認爲萬物是自然而然地生成的，不
是「天」加以雕琢的產物。王充《論衡・自然》也認爲「草木之
生，華葉青葱，皆有曲折，象類文章」，但不是「天爲之」，而
是「自爲生」，「物自然」。由此可見，劉勰的思想有長遠的來
源。這一類思想都是典型的自然主義思想，卽主張用自然的原因
去說明自然，認爲自然事物的合規律性和合目的性是由自然本身
決定的。雖然這種思想並非劉勰首創，但如前所述，當劉勰把
「自然之道」的思想和《易傳》關於「道」的思想聯繫起來，並
以之說明「天文」、「人文」的產生時，劉勰就引入了對《易
傳》哲學的一種新的理解，豐富和深化了《易傳》的思想。

　　劉勰對「人文」的產生的說明比他對「天文」的產生的說明
要複雜得多。劉勰說：「仰觀吐曜，俯察含章，高卑定位，故兩
儀生矣；惟人參之，性靈所鍾，是謂三才。爲五行之秀，實天地
之心，心生而言立，言立而文明，自然之道也。」（〈原道〉）
這裏，對天、地、人（所謂「三才」）的產生的說明顯然來自
《易傳》，但人是「性靈所鍾」，「爲五行之秀，實天地之心」
的說法又是來自《禮記》，意思是說人是宇宙間有意識的、最靈
的存在物❼。在〈序志〉中，劉勰更爲明確地指出：「夫肯貌天

---

❼參見《中國美學史》第 2 卷第 692-693 頁。

地，稟性五才，擬耳目於日月，方聲氣乎風雷，其超出萬物，亦已靈矣。」劉勰認為人產生於自然界，但又超出自然界的萬物，這就是他對人在宇宙中的地位的看法，也是在劉勰之前許多思想家所共有的看法。中國哲學有很強的自然主義傳統，但同時又經常是人本主義的，充分地肯定著人在自然中的崇高地位。此外，值得注意的是，劉勰認為人「為五行之秀」，在《禮記・禮運》原文中，「五行之秀」作「五行之秀氣」；再參之以劉勰在〈徵聖〉中說「精理為文，秀氣成彩」，在〈麗辭〉中說「氣無奇類，文乏異彩」，可知劉勰認為人是由「氣」所生，「文」亦由「氣」所生。如前已述及，這是劉勰用「自然之道」說明「天文」、「人文」產生的一個重要之點，即認為「天文」、「人文」均由「氣」的自然而然的運動變化所生。但是，「人文」的產生不能離開人，所以為了說明「人文」的產生還須說明人的產生。劉勰以「五行之秀氣」說明人的產生，又說人是「有心之器」，不同於自然界的「無識之物」，明確肯定了人有自然的形體（「器」），同時又有「心」即有意識。這也就是說，人作為自然物與其他自然物的區別在於人是有意識的。這也是在劉勰之前不少思想家，特別是劉勰極為推崇的荀子，以及劉勰甚為讚賞的王充的看法。劉勰肯定了人是「有心之器」，於是由「心」而引出「文」（「人文」）的產生，提出「心生而言立，言立而文明」的命題。劉勰認為這也是「自然之道」，即自然而然地發生的。天地生出了人，有人就有「心」，有「心」就有「言」，有「言」就有「文」。

　　這種看法是十分素樸的，但又有其不可否認的合理性、深刻性。就像劉勰的每一看法都有其思想的來源一樣，他的這一看法

也是如此。我們知道，《左傳》已講了「立言」的問題。〈樂記〉已提出「樂者，生人心者也。情動於中，故形於聲，聲成文，謂之音。」揚雄的《法言》也已說過：「言，心聲也；書，心畫也。」（〈問神〉）但是，明確地把「心」—「言」—「文」聯繫起來，並以之對「文」的產生作一種發生學的解釋，這無疑是劉勰的獨創。在劉勰的這一說法中，包含有一些重要的哲學問題，我們將在下面另行論述。

　　劉勰除了從人的產生以及人的「心」、「言」與「文」的聯繫來說明「文」的產生之外，他還從宇宙的起源上來追溯「文」的產生。這是劉勰論「文」的產生的另一條思路。他說：「人文之元，肇自太極，幽讚神明，〈易象〉惟先。庖犧畫其始，仲尼翼其終。而乾坤兩位，獨制〈文言〉。言之文也，天地之心哉！」（〈原道〉）劉勰認為「人文」的本元始於天地未生之前的「太極」即渾沌未分的元氣，這是因為按《易傳》的看法，天、地、人（即所謂「三才」或「三極之道」）是本於「太極」的。由「太極」生「兩儀」（天地），「兩儀」生「四象」（四季），然後才有用以「幽讚神明」的卦象的產生。卦象的意義需要用語言文辭加以解釋，於是就產生了文章、文學。劉勰又根據古來的說法，以為解說卦象的「十翼」為孔子所作，而孔子又於乾、坤兩卦「獨制文言」，即以文飾之言（具有文學性的言）去加以解釋，由此劉勰得出結論：「言之文也，天地之心哉！」即認為文學的言是「天地之心」的表現。其所以如此，既因為孔子「獨制」的「文言」是讚頌乾、坤兩卦即天地的，也因為孔子在劉勰看來是天地間最偉大的人物，「自生人以來，未有如夫子者也。」（〈序志〉）這種種說法顯然是很牽強的，但終究又包含着自然

主義哲學的有其合理性的思想，即企圖從自然界的產生、形成中去追尋文學、文化的最初起源。

　　在「文」與「道」的關係問題上，劉勰在描繪天地、日月、山川的「文」（即「天文」）之後指出：「此蓋道之文也。」在講到作爲文學、文章（即「人文」）時又指出「《易》曰：『鼓天下之動者存乎辭。』辭之所以能鼓天下者，廼道之文也。」（引文均見〈原道〉）這就是說，不論「天文」或「人文」都是「道之文」。這種看法雖然已包含在《易傳》中，但《易傳》並沒有這樣明確地說過。而且，劉勰的說法已同對文學的本質、功能的認識直接聯繫起來了。所以，以「文」爲「道之文」，是劉勰的獨創，雖然也很可能受到他所推崇的荀子的某些言論的啟發❽。

　　以「文」爲「道之文」，包含有兩重應加區別的意思。一是指「文」爲「自然之道」的產物，即「文」是「道」自然而然地生成天地萬物的結果；二是指「文」顯示了儒家的社會政治倫理之「道」。但這兩者又是完全統一的，因爲如前已指出，在劉勰所祖述的《易傳》看來，天地萬物的自然而然的變化本身同時就包含了和人事政治相關的重大意義的顯示。《易傳》高度重視自然，同時又賦予了自然以政治倫理道德情感的意義，自然與人事完全打成一片。所以，以「文」爲「道之文」，即是說「文」旣是自然界的、非人爲的運動變化的法則或規律（「自然之道」）的表現，同時又是人事政治倫理道德的表現，兩者是一而二，二而一的。

---

❽　參見《中國美學史》第 2 卷第 698 頁。

　　就「天文」而言，如劉勰在〈原道〉中所描繪的「龍鳳以藻繪呈瑞，　虎豹以炳蔚凝姿」，　旣是劉勰所說「自然之道」的表現，同時又明顯具有和人事政治相關的倫理道德意義。劉勰對其他也屬於「天文」的現象的描繪，仔細推求起來也都或顯或隱地具有和人事政治、　倫理道德相關的意義。　說「天文」是「道之文」，　也就是說自然界的存在及其變化的形態、形式，旣顯示了自然界的、非人爲的合規律性與合目的性，同時又顯示了同人類社會生活相關的種種意義。　因此，　自然界的存在及其變化的形態、形式，旣是爲自然本身的法則、規律所決定的，同時又不是與人無關的單純的　「物質」　現象，　而具有和人的存在相關的種種意義。較之於西方某些僅從自然科學的觀點去看自然的自然主義，　這種看法要深刻得多。　儘管在現代科學發展的條件下，　像《易傳》那種簡單地把人和自然加以比附的做法是很爲幼稚的，甚至是可笑的，　但深入研究自然對人的存在的意義，　特別是對人的內在精神生活的意義（這一點也正是中國古代哲學很爲重視的），仍然是現代自然主義哲學的一個重要任務。

　　就「人文」而言，說「文」是「道之文」，　首先是說「人文」的創造是根源於自然的，　是「自然之道」的產物；　其次是說「人文」表現了由「自然之道」產生的天地萬物所顯示出來的和人事政治相關的重大意義。「人文」是人類所創造的文化的總稱，但在《易傳》和劉勰看來，它的創造是根源於自然界的，它所具有的內容是不能脫離自然界的。如前所說，這同樣是一個有其不能忽視的合理性和深刻性的觀點。

　　更進一步來看，劉勰以「　文」爲「道之文」，　包含有以「道」爲本體，「文」爲現象的意味。而「道」是「自然之道」

與政治倫理之「道」的統一（前者是基礎），亦卽自然與人的統一，因此作爲現象的「文」，也就是人與自然的統一的現象形態。由此可以看出，《易傳》以及劉勰是以人與自然的統一作爲文化的本體的。這是中國古代文化哲學的一個極爲重要的根本觀點。就具體的文學創造而言，劉勰的以「文」爲「道之文」的看法，肯定了「文」與「道」的內在的一致性、不可分離性，和那種把「文」與「道」的關係看作是一種外在的關係的觀點很不相同。此外，劉勰的這種看法顯然要求文學家不要停留在「文」上，而要去追尋那使「文」得以產生，並賦予它以眞正的價值的本體——「道」。從這方面看，劉勰的「文」爲「道之文」的觀點，也可看作是一種文學的本體論。

「文」旣然是「道之文」，因此在劉勰看來，「人文」的根本的功能，作用就在於「明道」。但這裏所說的「明道」之「明」，決非我們現在所講的「說明」之意，而是彰明、昌明、光大的意思。「明」是《易傳》中的一個重要概念，它和美有密切關係（詳本書〈美學思想〉章）劉勰說以「文」「明道」，指的是用美麗輝煌的文詞去彰明、光大「道」，使之爲天下、後世所知所法。這也就是劉勰所說「寫天地之輝光，曉生民之耳目」，「光采玄聖，炳燿仁孝。」（〈原道〉）但劉勰把「文」的作用局限在彰明儒家之道上，這是他整個思想的一個嚴重弱點。

(5)　「心」的問題

在中國哲學史上，「心」的問題有著很爲重要的意義。這個問題包含兩個相互聯繫的方面，一個是「心」與「性」、「理」的關係問題，另一個是「心」與「物」的關係問題。圍繞著這兩

個問題，中國哲學提出了一系列相當系統的理論。在劉勰的思想中，「心」的問題也占有重要地位 。僅從他的最重要的著作以《文心雕龍》爲名，即可見出他對「心」的問題的重視。

劉勰所祖述的《易傳》很少討論「心」的問題，但在「復卦」的「象辭」中講到了「天地之心」這一重要概念。劉勰對「心」的問題的認識和《易傳》相關，但看來更重要的是受到荀子影響。劉勰從「天地之心」、「道心」、「文心」幾個方面討論了「心」的問題。其中，「文心」這個概念是由劉勰首先明確提出的，是他的獨創，明顯豐富了中國哲學對於「心」的問題的認識。

劉勰認爲人「爲天地之心」，他的這種看法包含兩層意思。一是指人是自然界（天地）的產物，二是指在自然界的萬物中，人是有意識的、最靈的存在物。這一點前面已經論及，現在需要加以強調的是：劉勰是從自然界出發來看「心」的問題的，他把人看作是和「無識之物」不同的「有心之器」，即看作是有意識的自然存在物。這是劉勰自然主義哲學的鮮明表現，在思想淵源上可能同《荀子‧天論》所說「天職旣立，天功旣成，形具而神生」，「心居中虛，以治五官」有關。

劉勰在〈原道〉中講到了「原道心以敷章」，又說「道心惟微，神理設教。」「道心惟微」的說法見於《書‧僞大禹謨》，實際在《荀子‧解蔽》中已有引自《道經》的「人心之危，道心之微」的說法。此外，《荀子》中多次討論了「道」與「心」的關係。如〈解蔽〉中說：「治之要在於知道。人何以知道？曰：心。」次篇〈正名〉中又說：「辯說也者，心之象道也 。心也者，道之工宰也。道也者，治之經理也。心合於道，說合於心。」

由此可見，「道心」卽能認識「道」，與「道」相合的「心」，
而且它所涉及的是形而上的問題。劉勰說「原道心以敷章，研神
理而設教」，「原道心」與「研神理」相對，亦可證「道心」與
對「神理」的認識相關，而「神理」正是形而上之理。從現在看
來，「道心」具有認識論的意義，但在中國哲學中，沒有西方哲
學那種和科學和邏輯直接相聯的認識論。中國哲學的認識論主要
是同對倫理道德的認識相聯的，因此它經常同主體的情感體驗、
內省直覺分不開。如上引劉勰所說的「研神理」來自《周易·繫
辭上》：「夫《易》，聖人之所以極深而研幾也。唯深也，故能
通天下之志；唯幾也，故能成天下之務；唯神也，故不疾而速，
不行而至。」這和西方直接以科學和邏輯爲基礎的認識論差別極
大。而且，「道心」還非一般人所能有，它經常就是指「聖人」
之「心」。劉勰說：「道心惟微，聖謨卓絕，牆宇重峻，而吐納
自深。」（〈宗經〉）這裏與「聖謨」相對的「道心」卽指「聖
人」之「心」。但是，儘管體認「道」的「道心」神妙難言，它
終究有其認識的對象——表現於天地萬物的「道」。而且，中國
哲學所特別強調的情感體驗、內省直覺，卽使在科學認識中也有
其不可忽視的意義。因此，「道心」仍然可以從認識論意義上去
理解。劉勰對「道心」的實質未作正面的說明，但他很明確地肯
定「心」是能認識「理」的。他說：「心之照理，譬目之照形；
目瞭則形無不分，心敏則理無不達。」（〈知音〉）這裏把「心
之照理」和「目之照形」相提並論，看起來是很簡單化的，但恰
好又顯示了中國哲學的認識論對直感的強調。此外，「心之照
理」和「目之照形」的「照」是佛學中的概念，它是一種神妙
的、能直接洞察事物眞相的直覺。就在上引〈知音〉中，劉勰還

講到由文章可以見出作者的「心」，「豈成篇之足深，患識照之自淺耳。」這裏把「照」與「識」相聯，可見「照」有認識的意義，但仍是一種神妙的直感。不過，劉勰雖用了佛學的「照」這個詞來表達認識活動，他的《文心雕龍》的思想卻並不是佛學的。劉勰作爲自然主義的哲學家，對感性經驗是重視的。如他稱讚王充《論衡・氣壽篇》「驗己而作，豈虛造哉！」(〈養氣〉)明顯表現了對感性經驗的重視。在中國哲學史上，王充也正是一個極其強調感性經驗的哲學家。總起來看，我們可以說劉勰在談到「道心」的時候，包含着他對認識的難言的神妙性的看法，但劉勰一點也不懷疑「理」是可以認識的，也不否認感覺經驗的意義。

　　除「道心」之外，劉勰又講到了「文心」。他說：「夫文心者，言爲文之用心也。昔涓子《琴心》，王孫《巧心》，心哉美矣，故用之焉。」(〈序志〉)如前已指出，「文心」這一概念的提出是劉勰的創造，儘管明顯受到前人（特別是陸機的《文賦》）的啟發。如果說「道心」是認識論意義上的，並且是和形而上學相關的「心」，那末「文心」則是審美意義上的，和文藝創造相關的「心」。在劉勰之前，還沒有誰像他這樣明確地提出「文心」問題，並作了多方面的探討。劉勰關於「文心」的理論包含著他在《文心雕龍》一書中所闡明的，作爲創造主體的人的審美意識、創造意識活動的理論。

　　這個理論又包含了種種方面的具體問題，劉勰所特別著重論述了的有兩個問題，一個是「情采」，另一個是「神思」。這是「文心」之爲「文心」的兩個重要方面，卽情感的審美的表現和藝術的創造性的、自由的想像。西方美學，特別是近代以來的美

學對這兩個問題作了許多討論。劉勰則是在他所處的中國古代的歷史條件下，以他自己特有的方式，獨創地提出和解決這兩個問題。「情采」和「神思」這兩個詞，儘管如劉勰提出的其他概念一樣，均有其多方面的思想來源，但同時又是劉勰所獨創。就現代的觀念來看，這兩個詞是不「科學」的，但卻很好地說出了審美與藝術創造中情感與想像的特徵。在闡述這兩個問題及藝術創造中的其他問題時，劉勰都一再強調了「心」的重要作用。「心生文辭」（〈麗辭〉）是劉勰的一個很簡明的，但也很重要的看法。他並不否認「心」有外物作為對象，但他不認為「心」是像空無一物的白板或平面鏡那樣機械被動地去反映外物的。相反，這個「心」裏是有「情」的，「情」又與「氣」（主體的氣質、個性）相聯。「人稟七情，應物斯感。」（〈明詩〉）如果人心無情，應物也不能感。「視物興情」（〈詮賦〉）或「情以物遷」（〈物色〉）都要以人心中有情為條件。人心中的情不同，感物而生的情也就不同。所以，一方面是「視物興情」，另一方面又還有「物以情觀」（〈詮賦〉）。而作為文藝創造，它最終表現的並不是「物」，而是由「物」所生之「情」。這是劉勰一再地強調了的。即令最重描寫，「寫物圖貌，蔚似雕畫」的「賦」，也還是為了「舖采摛文，體物寫志。」（引文均見〈詮賦〉）所以，劉勰認為文章、文學「洞性靈之奧區」（〈宗經〉），「心術之動遠矣，文情之變深矣」（〈隱秀〉），實即認為文章、文學是人的最內在的心靈的表現。這是一種正確而深刻的看法，是抓住了文藝的最本質的東西的。不過，它並不等於西方 20 世紀以來所流行的「表現說」。兩者產生的歷史條件和理論的具體內容都很不相同。要而言之，劉勰所說的「情」、「性靈」都與他

所說的「道」相關，不能離開「道」。這個「道」，如前已指
出，是「自然之道」和儒家政治倫理之「道」的統一，是自然與
人的統一。因此，劉勰所說的「情」在根本上也就是對這統一的
認知、體驗，從而表現這種「情」的「文」也就是劉勰所說的
「道之文」。這和西方現代那種由人的異化、人與自然的分裂所
產生的「表現」有很大差別。兩者各有其優點和缺點。中國式的
「表現」始終肯定人與自然、人與我的統一，但卻又束縛，有時
甚至扼殺了個體的發展。西方現代式的「表現」充分肯定了個體
存在的意義與價值，但又陷入了人與自然、人與我的分裂以致對
抗之中。

　　劉勰關於「天地之心」、「道心」、「文心」的論述是相互
聯繫著的。「天地之心」是「道心」、「文心」得以存在的前
提、基礎。「道心」是思考、探求形而上的「道」的「心」，它
又是「文心」的基礎。因為「文」是「道之文」，「文心」不能
脫離「道心」。但「文心」又不等於「道心」，因為它不是對於
形而上的「道」的思考，而是對在天地萬物中顯示出來的「道」
的情感體驗與表現。劉勰雖然很強調這種體驗與表現同對「道」
的認識的關係，但並沒有把它歸結為認識。「情」的具有「采」
的表現，即審美的表現，始終被劉勰看作是「文心」不同於「道
心」的根本的東西。

(6)　「言」的問題

　　中國沒有西方近代以來的語言學和語言哲學，但自古以來中
國哲學即很為注意「言」的問題。《左傳》「立言」不朽說及儒
家「詩言志」的提出產生了長久、深遠的影響。歷代思想家關於

「言」的問題的論述，有其不應忽視的哲學意義。應當說，中國古代也有自己的語言哲學，雖然還未取得系統的理論形態。由於中國古代哲學主要是同社會政治倫理人生問題相關，因此中國古代的語言哲學不同於西方以科學和邏輯爲基礎的語言哲學。像後者這樣的語言哲學雖然在公孫龍子和墨家那裏可以找到萌芽，但後來始終未能得到發展。中國古代的縱橫家也不同於古希臘的智者。他們特別注重的不是語言論辯中的邏輯問題，而是語言的情感心理方面，即是否符合於聽者的心理要求，有否使聽者樂於接受的強大的感染力。這種對語言的情感心理方面的高度重視，也正是中國古代語言哲學的一大特徵。所以，中國自古以來的種種經典，即使是完全屬於論說性的著作，其語言都具有高度的文學性。劉勰所了解的文學也正是把一切經典、論說性和應用性的著作都包含在內的。

劉勰提出了「心生而言立，言立而文明」的重要命題，使「言」既與「心」相聯，又與「文」相聯，而成爲從「心」到「文」的中介❾。在劉勰的思想中，「言」的問題占有重要地位。在《易傳》中，也對「言」的問題作了不少論述。因爲卦象的解釋是同言、辭問題分不開的。劉勰主要吸取了《易傳》關於「言」的思想，同時又作了自己的發揮。他從「精言」、「徵實」之「言」、「夸飾」之「言」三個方面講了自己對「言」的看法。

在進而論述劉勰在這三個方面的看法之前，先要說明一下劉

---

❾　這裏需要說明一下，「言立而文明」的「文明」包含的意思是指使「天文」及依「天文」而製作的卦象的意義得到了彰明。但用以彰明「天文」及卦象的「言」已不是一般的「言」而是文章了。

勰對「心」、「言」、「文」三者關係的看法在理論上的意義。劉勰的「心生而言立」的論斷，異常明確地指出了語言的產生與意識的產生的關係。在實際上，語言的發生同意識的發生不能分離，沒有意識不會有語言，沒有語言意識也無從得發展，不能超出動物的意識。語言的歷史是同意識的歷史一樣地長久的。再就劉勰所說「言立而文明」來看，它同樣異常明確地指出了語言與廣義地了解的文學的關係。而且，由於這種廣義地了解的文學是人對整個世界的解釋（卽對「天文」及依「天文」而製作的包羅萬有的卦象的解釋），並且在人類生活中具有重大意義，因此也可以說語言是同人類的文化不能分離的，沒有語言就不會有文化。「言立而文明」的說法隱含有這樣的意思。這是從《易傳》而來的，但劉勰作了比《易傳》更爲明確的概括。

在具體論及「言」的問題的時候，劉勰在〈夸飾〉中區分了「精言」與「壯辭」。他說：「夫形而上者謂之道，形而下者謂之器。神道難摹，精言不能追其極；形器易寫，壯辭可得喻其眞；才非短長，理自難易耳。」這裏所說的「精言」是用以表述形而上的「道」的語言，也就是哲理性、哲學性的語言。劉勰認爲形而上的「道」是神妙而難於以語言描摹的，所以他說「精言不能追其極。」這確乎是用以表述形而上的「道」的哲學語言的一大特徵，也是哲學語言所遭遇到的困難，以致維特根斯坦(Ludwig Wittgenstein)認爲人們「應當沉默」。因爲「確實有不能講述的東西。這是自己表明出來的；這就是神秘的東西。」（《邏輯哲學論》中譯本第97頁）和對形而上的「道」的描摹不同，劉勰認爲形而下的「形器易寫，壯辭可得喻其眞。」這個與「精言」不同，用以描寫「形器」卽描寫訴之感官的具體世界的

「壯辭」，就是劉勰在《文心雕龍》中作了詳細論述的文學性語言。劉勰深刻地指出，這種語言的一個重要特徵就是不僅允許「夸飾」的存在，而且非有「夸飾」不可。他說：「自天地以降，豫入聲貌，文辭所被，夸飾恒存。」劉勰的「壯辭可以喻其眞」一語，敏銳地看出了文學性語言是一種充滿情感與想像的語言，它需要夸張與美飾，不受實際存在的事物的束縛。劉勰從文學史上引用了許多生動的例子很好地說明了文學性語言是「因夸以成狀，沿飾而得奇」的。所以，他指出對文學性的語言的理解，必須如孟子所說的那樣，「不以文害辭，不以辭害意。」也就是不把文學性語言看作是對實在的某一事物的指稱，而從它的比喻夸飾中去領會了解它的實際的含義。由於「夸飾」是爲了「喻其眞」（亦卽劉勰在〈情采〉中所說「要約而寫眞」），因此劉勰又指出「夸飾」不能脫離眞實。「夸過其理，則名實兩乖。」正確的做法是「使夸而有節，飾而不誣。」這種說法看來平常，但就它主張「夸飾」是爲了「喻其眞」，以「夸飾」爲特徵的文學語言也應有其眞實性這一點來說，比西方結構主義文學理論根本否認文學語言有其指稱、意義的說法要高明。因爲，如果我們顧意面對文學史的事實的話，根本上無意義、無指稱的作品實際是不存在的。問題只在於如何恰當地理解文學語言的意義、指稱。此外，劉勰以「夸飾」爲文學語言的根本特徵，因此他又提出「情采」的概念，認爲「情采」是文學語言的特徵。文學語言之所以是一種有「情采」的語言，正因爲它是一種「夸飾」的語言，卽充滿著情感的自由抒發和想像的自由活動的語言。

在〈神思〉中，劉勰還提出了「意翻空而易奇，言徵實而難巧」的說法。在這裏，他在上述「精言」、「夸飾」之「言」

外，又提出了「徵實」之「言」的問題。這個「徵實」之「言」指的是如實而準確地指陳各種事實、道理的「言」。雖不能簡單地說它就是現代所說的科學語言，但無疑又有接近於科學語言的意思在內。劉勰所論及的各種文體中，如〈史傳〉、〈論說〉、〈議對〉、〈書記〉都是需要「徵實」的。也正是在這些篇中，他講到了「徵實」之「言」的特點。在〈史傳〉中，他提出「析理居正」的思想，認為「若任情失正，文其殆哉！」這就是要求史書的記載必須符合事實。在〈論說〉中，他提出「言不持正，論如其已。」「唯君子能通天下之志，安可以曲論哉！」這也就是〈徵聖〉中所說「正言所以為辯」，源於《易傳》「當名辯物，正言斷辭」（〈繫辭下〉），即要求議論應符合事實，不作歪曲事實的論斷。在〈議對〉中，他提出「理不謬搖其枝，字不妄舒其藻。」〈書記〉中又說：「意少一字則義闕，句長一言則辭妨，並有司之實務，而浮藻之所忽也。」這都是要求把「徵實」之「言」與「夸飾」之言加以區別，做到準確、周密、無誤。劉勰的這些說法，表明在中國古代思想家，特別是文學理論家中，他是一個難得的、很有「徵實」精神的人。這既同他的自然主義哲學思想，也同他具有相當高的理論思辨能力有關。此外，劉勰說「徵實之言難巧」，還深刻地看出了我們在日常生活中所用的「言」大都以「徵實」為目的（雖然不可能那麼嚴格），要把它轉化為非「徵實」的文學化的語言是頗為困難的。這種轉化是文學創作中的一大問題。結構主義文學理論所謂「語言的陌生化」就包含著從「徵實」之「言」到以「夸飾」為特徵的文學語言的轉化。

「精言」、「夸飾」之「言」、「徵實」之「言」，三者各

不相同，但區別又不是絕對的。特別是在中國古代，三者還未充分地分化和獨立，經常互相交錯在一起。「精言」中可以有「夸飾」，「夸飾」中亦可有「精言」；「夸飾」非不能見容於「徵實」，「徵實」中亦可有「夸飾」。「精言」雖高，不能全離「徵實」；「徵實」雖下，時亦雜有「精言」。如《周易》在劉勰看來無疑屬於「精言」，但他又指出其中的「文言」是「聖人之妙思」，富於精巧的「麗辭」（〈麗辭〉）。實際上，與先秦諸子的著作相比，《周易》的文章並不算很好。就「徵實」來說，中國很少純粹「徵實」的著作，但就是這一類著作（如《考工記》）也是要盡可能注意語言的文采的。「言之無文，行而不遠」，是中國古代文人共有的信條。然而，在一貫籠統地講「文」的情況下，劉勰卻區別和分析了上述三種不同的言，這不能說不是他的卓見。

四　總論劉勰的哲學

以上我們分析了劉勰哲學的基本思想，現在可以總起來說一說他的哲學的最主要的特徵、實質、貢獻和構成。

第一、劉勰吸取了道家的「自然之道」的思想，用它來解釋《易傳》的哲學，這是劉勰的自然主義哲學的最主要的特徵。

第二、自兩漢到齊梁，《周易》在漢代主要是被作為一本講宇宙論的著作來看待的，其哲學的方面未受到充分重視；魏晉高度重視《周易》的哲學意義，但卻把它當作是建立玄學的思想資料來看待，許多解釋脫離了《周易》本有的思想，而被玄學化了。所以，從魏晉到齊梁，可以說只有劉勰對《周易》的哲學作出了

符合於《周易》基本精神的解釋。就是同後來宋代理學家對《周易》的解釋相比，劉勰的解釋雖不及宋代理學家那麼系統、深入，但卻更符合《周易》的基本精神。因此，在兩漢以來對《周易》的研究中，劉勰占有不應被忽視的地位。如再從他把《周易》的哲學系統應用於文藝的研究來看，其成就之大，更可以說是前無古人，後無來者。

　　第三，劉勰哲學的構成，如以圖解的方式表達出來，包含著以下幾個系統：

　　　　(1) 道──→天文──→人文──→明道

這是一個總括的系統，未涉及作為「人文」的文章的產生。如就文章的產生看，又可得出以下系統：

　　　　(2) 道──→天文──→人（天地之心）──→卦象──→言辭──→
　　　　　　文章──→明道

在這一系統中，「心」與「言」又各自包含一個從屬的系統：

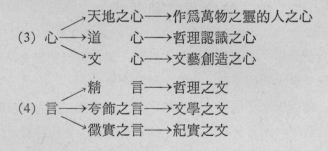

貳　人格精神

　　劉勰的哲學是自然主義的，但它不僅一點也不否認，而且極
爲重視人的崇高地位和重要作用。就劉勰祖述的《周易》來說，
它認爲人通過效法天地，就能夠像天地那樣發揮自己的作用，同
天地一樣偉大，「與天地合其德，與日月合其明，與四時合其
序，與鬼神合其吉凶，先天而天弗違，後天而奉天時。」（《周
易‧乾卦‧文言》）就劉勰來說，他既繼承了《周易》的思想，
同時他的人「爲天地之心」的說法，十分明確地主張人是自然的
產物，但又超出自然萬物之上❶。《周易》和劉勰對人的崇高地
位的這種強調，和儒家歷來認爲人應具有的倫理道德的崇高精神
分不開。對儒家來說，人的偉大首先是表現在倫理道德精神的偉
大。所謂「德配天地」是儒家的基本思想。而倫理道德是要通過
個體的意志行爲去實現的，並且會碰到種種艱難險阻，因此倫理
道德精神的偉大又表現在爲倫理道德的實現而奮鬥的人格精神的
偉大。《周易》反復讚美歌頌的，也是劉勰在《文心雕龍》中極
爲推崇的「剛健」，就是一種崇高的人格精神。所以，不論《周
易》或是劉勰的哲學，既是自然主義的，同時又洋溢著一種崇高

---

❶　附帶說一下，前已引劉勰〈序志〉中關於人超出萬物的說法，既同
　　《周易》有關，似又受到董仲舒影響。

的人格精神。這是了解劉勰哲學的一個不可忽視的重要方面。

一　人格精神與人格主義

　　由於中國儒家思想極爲強調和倫理道德不可分的人格精神，因此它和西方的人格主義（Personalism）有接近、類似之處，但又不能等同。

　　以從鮑恩（Berden Parker Bowne）至沃克邁斯特（William Henry Werkmeister）等人爲代表的人格主義有兩個顯著的基本共同點。第一是主張凡是實在的東西就是有人格的東西，人格是一切實在的模式，整個世界都只因與人格相關才具有意義；第二是主張人格是一道德實體，它的價值和尊嚴是至高無上的。就第一點而言，中國儒家雖然認爲天地（自然界）具有倫理道德的品格（如董仲舒的理論），或顯現、啟示、確證了人的倫理道德原則（如《易傳》的理論），但它並不認爲人格的模式就是實在的模式。相反，天地（自然界）作爲實在的東西，自有其本身的模式，只不過這種模式是和人的倫理道德的品格、原則相通、一致的。雖然朱熹把儒家所說的倫理道德客體化而成爲產生天地萬物的本體——「理」，但這個「理」並不是個體人格，而是高於個體人格，爲個體人格所力求要達到的絕對普遍的東西。同時，這個「理」也不是人格主義所說高於個體人格的上帝的無限人格。它雖然與個體人格的 實現 密切相關， 但本身並不具有人格的意義。所以，從「理」產生天地萬物並不等於人格是一切實在的模式。而且，這個「理」仍然要表現於天地萬物之中，才有其存在的現實的意義與價值。和朱熹不同，王陽明把儒家所說的倫理道

德變爲存在於主體心中的本體，但這個倫理道德仍然是既存在於主體心中，又具有超越每一主體的絕對普遍意義的東西。因此，它和主體人格的實現直接相聯，但又不等於是主體的人格本身。雖然除了這存在於主體心中的絕對普遍的倫理道德之外，外部世界均不具有客觀的實在性，但仍然不能說那被看作是唯一眞實的，存在於主體心中的倫理道德是上帝的無限人格的表現。所以，通觀中國儒家的主要理論都不把人格主義所說的個體人格或上帝的無限人格看作是一切實在的模式。中國儒家所講的倫理道德和個體人格的實現不能分離，但它始終被看作是一種其存在具有不以任何個體爲轉移的絕對普遍意義的東西，同時又從來不被看作是某種超越於個體之上的無限者、造物主的人格的表現。這既是由於在中國儒家哲學中，個體的存在始終不能脫離須爲羣體所共同遵循的絕對普遍的倫理道德原則，又是由於中國儒家沒有上帝、造物主的觀念。

就上述人格主義的另一主張來看，人格主義把道德看作是人格的實體，認爲這種以道德爲實體的人格具有無上的價值和尊嚴，這倒是與中國儒家對人格精神的推崇十分相合。但是，基於宗族血緣關係的儒家倫理道德尚沒有人格主義那種個體人格自由的觀念。這是它的一個嚴重弱點，也是它與人格主義的一個根本區別。但是，充分地肯定著個體與羣體的統一（即使它是虛幻的統一）的天然合理性和絕對必要性，並把這種統一的實現看作是個體人格的實現的最後目的，這又是中國儒家人格精神的重大優點。

二 中國儒家人格精神的兩大基本派別

中國儒家一致推崇倫理道德人格精神，但在理論上存在著不同的解釋。要而言之，這種不同的解釋，可以劃分先秦時期以孟子為代表和以荀子為代表的兩大派別。後世的種種思想，雖然情況甚為複雜，但基本上是這兩大派別的繼續和發展。

以孟子為代表的一派，認為人的倫理道德是先天具有的，本來就存在於每一個人心中。因此，雖然天地的運行也是符合於倫理道德原則的，但達到倫理道德的最直接而切近的途徑卻在於充分地喚起每一個人心中本來就有的倫理道德意識和情感。所以，孟子的主張是由內而外，由「知性」（道德本性）而「知天」，「知性」就能「知天」，最後上下與天地同流。這一派在人格精神的實現上，強調的是內向的反思、自省、體驗。

以荀子為代表的一派，認為人生下來就只有由自然賦予的本性，這本性並無道德屬性，是惡而非善，德性是後天教育學習的結果，不是天然具有的東西。此外，荀子認為天是沒有什麼政治倫理道德意義的自然現象，所以荀子是不求「知天」的。顯然受到荀子重要影響的《易傳》，賦予了天以倫理道德的意義，但這個天又仍然被看作是自然的、無意識的天。它向人顯示了倫理道德的種種原則，一切倫理道德原則都表現在天的生成變化中。因此，人達到倫理道德的根本途徑是處處效法天，「知天」也就是「知性」，這是荀子由外而內的路線的發展，不同於孟子由內而外、「知性」即「知天」的路線。在人格精神的修養完成上，這一派強調的不是內向的反思、自省、體驗，而是外向的學習、實

踐、行動。

較之於由荀子一派，孟子一派在後世得到了很大發展，理論上遠比荀子一派完密得多。孟子一派在人格精神的內在修養和完善這個方面，確實思考、發掘出了許多重要的思想，這在宋明理學中表現得很清楚。但這一派又經常忽視了人的存在的廣大的對象世界，把人的存在最終歸結爲由一種內在的道德精神所決定的東西。雖然朱熹很爲強調「格物致知」，但他最後所要達到的目的並不在「物」，而在那個產生了「物」的絕對普遍的「理」。以荀子爲發端的一派是面向廣大的對象世界的，它把人的存在放置在人對自然的利用、占有的基礎之上，主張「富有之謂大業」，推崇「君子」像天的運行那樣「自強不息」的行動。這是中國哲學中很爲寶貴的思想，但在後世卻沒有得到充分深入的探討。不過，這一派的思想對人作爲主體的內在的精神性存在一面往往重視不夠，從而流爲一種膚淺的、外在的功利論。

三　劉勰的人格精神

劉勰所追求、推崇的人格精神顯然和《易傳》的思想直接聯繫，但又蘊含著劉勰特有的理解和體驗，不能簡單地與《易傳》等同。

劉勰充分地繼承了《易傳》那種通天下之志，成天下之大業，與天地合其德，與日月合其明的積極有爲的精神。這首先鮮明地表現在〈原道〉中。劉勰說：

爰自風姓，暨於孔氏，玄聖創典，素王述訓，莫不原道心

> 以敷章，研神理而設教，取象乎河洛，問數乎蓍龜，觀天
> 文以極變，察人文以成化；然後能經緯區宇，彌綸彝憲，
> 發揮事業，彪炳辭義。

這雖然是講的文章問題，但歸宿點卻在「經緯區宇，彌綸憲章，發揮事業，彪炳辭義」，有一種遠遠不局限於一般所說文章、文學的閎大的氣魄和精神，在劉勰生活的 齊梁 時代可以說絕無僅有。 劉勰又讚頌孔子「獨秀前哲，鎔鈞《六經》，必金聲而玉振；雕琢情性，組織辭令，木鐸起而千里應，席珍流而萬世響，寫天地之輝光，曉生民之耳目矣。」這同樣是在講文章問題，但歸宿點卻在「木鐸起而千里應，席珍流而萬世響，寫天地之輝光，曉生民之耳目。」這仍然是《易傳》中那種「推而行之」，「舉而措天下之民」，以成就天下大業的精神的表現。（引文見〈繫辭上〉）我們知道，劉勰曾自稱過了「而立」之年後夢見孔子，醒而極讚孔子之偉大，「自生人以來，未有如夫子者也。」（〈序志〉）值得注意的是，劉勰所讚頌的孔子，或他心目中的孔子，是最好地體現了《易傳》精神的孔子（劉勰仍以為解釋《易經》的〈十翼〉是孔子之作）。這個孔子，同孟子一派心目中的孔子是有不能忽視的區別的。

　　《易傳》講「形而上」的「道」，但目的仍是為了「形而下」的「器」，為了行動，為了天下的大業。〈繫辭下〉說：「精義入神，以致用也。」又說：「備物致用，立成器以為天下利，莫大乎聖人。」整個《易傳》都充滿著訴之行動的「致用」精神。劉勰也很明確地抓住了這種精神。他說：「夫《易》惟談天，入神致用。」（〈宗經〉）這是對《易》的精神的簡明而深

刻的概括。

　　基於《易傳》的精神，劉勰有一種他所說的做一個「梓材之士」的理想。在〈程器〉中，劉勰說：「蓋士之登庸，以成用爲務。」士既要「學文」，又要「達於政事」；既要「好文」，又要「練武」。

> 君子藏器，待時而動，發揮事業，固宜蓄素以弸中，散采
> 以彪外，楩柟其質，豫章其幹，摛文必在緯軍國，負重必
> 在任棟梁，窮獨善以垂文，達則奉時以騁績，若此文人，
> 應梓材之士矣。

這是劉勰的人格理想，同時也密切地關係到他的人格精神。特別是「楩柟其質，豫章其幹」一語，表現了一種堅定的抱負和努力。這種理想和精神，其基本特徵是外向的、致用的、實踐的，不是內向的、冥想的、玄虛的。

　　然而，處在齊梁時期，出身低下的劉勰要實現這種「梓材之士」的理想，當然是很困難的。但他仍然執著於這種理想而不後退，由此激發出劉勰在《文心雕龍》一書中多次論述了的一種剛正的人格精神。劉勰在〈宗經〉中談到了「文能宗經，體有六義」時，其中的第四義是「義貞（或作直）而不回」。這是就做文章而言的，但恰好又簡明地概括了劉勰的人格精神。這種「義貞而不回」的精神，顯然同《易傳》所說「剛健而不陷，其義不困窮矣」（需卦象辭）有關。但是，通篇處處讚揚「剛健」的《易傳》，既有十分可貴的進取精神，同時它所強調的又仍然是君子要深研政治人事吉凶的種種微妙變化，以便待時而動，行與

時偕，而缺乏一種對君子行道必然會遇到的各種惡勢力的抗爭精神。劉勰則不同，他的「義貞而不回」的思想具有一種相當強烈的抗爭精神。就在我們上引〈程器〉中，劉勰一方面提出了他的「梓材之士」的理想，另一方面又指出：「蓋人稟五材，修短殊用，自非上哲，難以求備。然將相以位隆特達，文士以職卑多誚，此江河之所以騰湧，涓流之所以寸折也。名之揚抑，旣其然矣；位之通塞，亦有以焉。」劉勰還具體指出，孔子的弟子子夏愛子勝於孝親，「竹林七賢」之一的王戎接受賄賂被有司糾察，而「子夏無虧於名儒，濬冲不塵乎竹林，名崇而譏減也。」劉勰充分肯定了對人不能求全責備，但同時又有力地指出許多有德行才能的文人，由於地位低下而深受譏誚，無法表現於世、位至顯達這個在中國封建社會中普遍存在的事實，表現了劉勰的不平和憤慨。在《史傳》中，劉勰又指出某些史傳的作者因「世情利害」而論人，「勛榮之家，雖庸夫而盡飾；迍敗之士，雖令德而嗤埋，吹霜煦露，寒暑筆端」。這正是他在〈程器〉中指出的「將相以位隆特達，文士以職卑多誚」的具體表現。劉勰以尖銳的詞句直截了當地揭露了這種卑鄙現象，雖然末了僅說了一句「可爲嘆息者也」，但在他揭露這種現象的措詞中已明顯可見劉勰的不平與抗爭。在〈檄移〉中，劉勰讚美陳琳的〈爲袁紹檄豫州〉一文（見《文選》）「壯有骨鯁」，「抗辭書釁，皦然露骨」，「敢直指曹公（卽曹操──引者）之鋒。」這明顯是因爲此文具有劉勰所說「義貞而不回」的精神，同時也可看出劉勰對不畏權勢，大膽抗爭的文章是持讚美態度的。在〈奏啟〉中，劉勰所讚美的這種精神更是得到了鮮明強烈的表現。奏啟是臣子上呈皇帝以議政事（包括彈劾）的文章，而劉勰主張「言貴直」，熱

烈讚揚「漢置中丞，總司按劾；故位在摯擊，砥礪其氣，必使筆端振風，簡上凝霜者也。」劉勰一方面反對漫罵攻訐，吹毛求疵的種種做法，另一方面又主張「闢禮門以懸規，標義路以植矩，然後踰垣者折肱，捷徑者滅趾」，「使理有典型，辭有風軌，總法家之式，秉儒家之文，不畏強禦，氣流墨中，無蹤詭隨，聲動簡外，乃稱絕席之雄，直方之舉耳。」這些說法洋溢著一種嫉惡如仇，不畏強暴，勇猛抗爭的感情。在〈議對〉中，劉勰又認爲臣子對皇帝所提出的問題的回答必須以事實爲根據，主張「斷理必剛，摛辭無懦。」這同樣是「義貞而不回」的精神的表現。

　　《周易・乾卦・文言》說：「大哉乾乎！剛健中正，純粹精也。」從以上對劉勰人格精神的種種表現的敍迹可以看出，用「剛健中正」來說明劉勰人格精神的實質是很爲恰當的。但較之《周易》所言的「剛健中正」，劉勰更有一種抗爭精神。這種精神，就其思想淵源來說，可能受到孟子所讚揚的「富貴不能淫，貧賤不能移，威武不能屈」（《孟子・滕文公下》）的「大丈夫」精神影響，還可能受到道家以及玄學的批判精神影響。我在《中國美學史》第二卷中曾指出，尊儒的劉勰之所以稱讚「嵇康師心以遣論，阮籍使氣以命詩」，大約是因爲他和嵇、阮作品中那種批判的精神發生了共鳴的緣故。當然，嵇、阮的文章寫得好，也是重要原因。

　　《周易》「剛健中正」的精神和中國古來思想中所具有的批判抗爭精神的結合，這就是劉勰的人格精神。總起來看，它有這樣的一些特徵：第一、重事實，尙直言，務實求眞；第二、不畏強暴，敢於抗爭，同時又堅持儒者正道，珍視人的尊嚴，反對誣枉深詬；第三、面向自然和現實人生，以成就天下大業爲己任。

這三點都是劉勰人格精神中寶貴的、合理的東西。

但是，從另一方面看，劉勰的人格精神也有其局限性。這主要表現在下述兩點上。第一、從荀學——《易傳》這一思想路線而來的劉勰的人格精神也有著荀學——《易傳》所具有的優點和缺點。關於這種優點和缺點，我在《中國美學史》第一卷中將荀子美學與孔孟美學加以比較時已作了說明❷。現在，在原來的基礎上，進一步作些說明。這裏問題的關鍵是荀學——《易傳》一派和孟子一派對主體人格的實現的不同看法。如前已指出，孟子一派是由內而外，由「知性」而「知天」，因此它有輕視，甚至脫離外部世界的缺點。但是，正因為「知性」是「知天」的根本，「知天」決定於「知性」，所以又突出地表現了主體人格不為外部自然所限制、規定的道德精神的崇高性。就荀學——《易傳》一派來說，荀學不講孟子式的「知性」，它強調的是要人不斷地堅持學習和接受賢人君子、良好社會環境的教育薰陶。荀學強調人的道德品質是環境和教育的產物，無疑有其很為合理之處，但同時又大為削弱了孟子所高揚的主體人格的那種獨立性、崇高性。荀學也不言孟子式的「知天」，而只講「戡天」。它強調人對自然的征服支配的力量，確實很重視主體在自然面前的能動作用。但這種征服支配又只止於物質財富的創造，仍停留在實際功利需要的滿足上，因而又缺乏孟子那種在人格精神上與整個宇宙合一的崇高。《易傳》由荀學而來（至少在一些根本性的哲學觀點和思想傾向上是如此），因而其優缺點也與荀學有相似之處。《易傳》主張人要效法天，並且認為通過法天可以達到「與天地合其

---

❷ 見該書第 333-336 頁。

德，與日月合其明」的境界。這當然也是一種人格精神的崇高境界，但在這裏主體人格的實現最終仍是決定於法天的。《易傳》所講的「剛健」精神很可寶貴，但其基礎也在於法天。因此，在《易傳》，主體人格精神的實現雖然表現為一種自強不息、積極進取的行動，但仍然缺乏孟子那種不為自然所限制、規定的主體人格道德精神的崇高。《易傳》所說「與天地合其德，與日月合其明」，同孟子所說的那種「上下與天地同流」、「萬物皆備於我」的境界比較起來，後者看來雖然虛幻不切實際，但卻更能充分有力地體現主體人格道德精神的崇高。此外，《易傳》明確地說過：「崇高莫大乎富貴；備物致用，立成器以為天下利，莫大乎聖人。」（〈繫辭上〉）這也清楚地表明，和荀學一樣，《易傳》所追求的人格精神的實現帶有濃厚的功利論色彩，因而難於上升到更高、更廣大的境界。推崇荀學——《易傳》思想的劉勰，他的作一個「梓材之士」的理想十分符合荀學——《易傳》要求，但也十分清楚地表現了它和荀學——《易傳》所共有的優點和缺點。包括劉勰對「將相以位隆特達，文士以職卑多誚」所表現的不平和憤慨也是如此。這同孟子以「君子有三樂」（見《孟子·盡心上》）無限自豪，「說大人則藐之」（〈盡心下〉），以「如欲平治天下，當今之世，舍我其誰」（〈公孫丑下〉）自許比較起來，在境界上無疑要低得多。但是，必須看到劉勰不是一個目光短淺的人，而是一個堪稱博學而眼界開濶的人，因此他並不以狹隘的眼光和標準去看歷史上的各種人物，而能對包括嵇康、阮籍在內不少具有卓越的人格精神的人物作出恰當而深刻的評價。此外，他的「通變」的思想，他對文章的壯麗、奇偉、飛動之美的一再讚揚，都表明劉勰有一種不受他的

「梓材之士」的理想所束縛的閎大氣魄。

　　第二、劉勰人格精神中有著一種爲《易傳》所缺乏的批判抗爭精神，這是劉勰人格精神的一個很爲重要的方面。但是，劉勰的這種批判抗爭的精神又顯然是局限在爲維護和實現儒家正道而抗爭這樣一個範圍之內的。因此，這種批判抗爭的精神，不論同老子、莊子或嵇康、阮籍相比，在歷史的和哲學的深度與高度上，在主體人格精神所達到的境界上，都有明顯的局限性。這個問題很爲清楚，不再多說。

　　具有一種鮮明強烈的人格精神，是劉勰《文心雕龍》一書的一個十分顯著的特點。這種人格精神深深地滲入到了劉勰文學、美學思想之中，並使劉勰獨創地提出和闡明了和他推崇的「剛健」的人格精神相適應的一個重要美學範疇——「風骨」，同時也大大地發展了荀學——《易傳》這一系統的美學思想。劉勰的美學，既同他的自然主義的哲學思想直接相聯，同時又滲透著一種強烈剛正的人格精神，兩者是有機地統一在一起的。關於這個問題，將在本書「美學思想」章中詳論。

叁 思維模式

　　劉勰對佛學的文獻和理論甚有研究，是齊梁一位著名的佛學家。而佛學較之中國的儒道兩家及其各家，都有遠爲精細的理論思辯，不是像孟子所說的那樣「大而化之」，重「立其大者」，而不注意「小者」。從《文心雕龍》看，劉勰對魏晉玄學家的論著都作了很高的評價，表明他對魏晉玄學理論思辯的意義與價值也有很深的理解。這顯然又同劉勰對佛學甚有研究，以及自東晉以來玄學與佛學日趨合流這樣一種情況分不開。當時研究玄學的人，多少都懂得佛學； 反過來說， 研究佛學的人也不能不知玄學。此外，劉勰對中國自先秦以來諸子百家的論說也十分熟悉和很有研究。這一切使劉勰成爲一個很有思維能力，而且自覺注意到思維問題的思想家。 這當然又和劉勰力圖「彌綸羣言」，總結、綜合先秦以來的文學理論，建立他自己的文學理論體系，並給文學以一種最高的哲學解釋分不開。要做到這一點，沒有理論思維是不行的。 因此， 我們看到《文心雕龍》全書多次談到了與理論思維有關的重要問題，並且顯然形成了劉勰自己的思維模式。其所以稱之爲模式，是因爲它已成爲劉勰分析解決各種具體問題的基本方式。這也是劉勰哲學一個不應忽視的方面。研究一下這些模式，對吸取我國古代理論思維的成果，是有一定的意義

的。

一　折衷法

「折衷」是劉勰的第一個思維模式。劉勰在〈序志〉中說：
「夫銓序一文爲易，彌綸羣言爲難，雖復輕采毛髮，深極骨髓，
或有曲意密源，似近而遠，辭所不載，亦不勝數矣。及其品列成
文，有同乎舊談者，非雷同也，勢自不可異也。有異乎前論者，
非苟異也，理自不可同也。同之與異，不屑古今，擘肌分理，惟
務折衷。」這是劉勰對他的折衷法的很爲清楚的說明。

劉勰所講的「折衷」決非我們現在一般所說的「調和折衷」。
調和折衷是把各種不同的，甚至根本對立的觀點外在地羅列、拼
湊、結合到一起，而不管這些觀點是否眞的可以結合到一起，當
然也不管這些觀點的實質性的差異以及它們之間的聯繫究竟是怎
樣的。這種方法，有時看似博學，其實是一種最平庸、最沒有創
造精神的方法。劉勰則不然，他指出他是努力要「彌綸羣言」
的，但他的「彌綸」不是對已有的觀點作一種外在的拼湊結合。
他的看法和前人有同也有異，而不論同異都是他經過自己的思考
認爲不得不然的，旣非盲目附和，也非故意要標新立異。而且劉
勰還特別指出，不論是對待古人或今人的觀點，他都是這樣做
的。劉勰所說的「折衷」實際是要在批判地考察古人今人的種種
看法的基礎之上，求得一種他認爲是最爲全面、合理、公正的看
法。

劉勰的這種「折衷」法，其源實出於荀子。荀子在〈解蔽〉
中說：「凡人之患，蔽於一曲，而闇於大理。」例如，「私有所

積，唯恐聞其惡也。倚其所私以觀異術，唯恐聞其美也。」結果是「蔽於一曲而失正求。」所以荀子指出：「欲爲蔽，惡爲蔽，始爲蔽，終爲蔽，遠爲蔽，近爲蔽，博爲蔽，淺爲蔽，古爲蔽，今爲蔽。凡萬物異則莫不相爲蔽，此心術之公患也。」爲了去除這種公患，解蔽塞之禍，荀子認爲「聖人」的做法是「無欲、無惡、無始、無終、無近、無遠、無博、無淺、無古、無今、兼陳萬物而中懸衡焉。是故眾異不得相蔽以亂其倫也。」這卽是去除一切由蔽塞而產生的偏見，對事物作出一種全面而公正的判斷，也就是劉勰所說「同之與異，不屑古今，擘肌分理，唯務折衷」之意。「折衷」卽「解蔽」，去除各種理論的偏頗而作出全面公正的論斷。如荀子曾指出先秦諸子的理論有見於此，無見於彼，都是需要加以解除的偏見，也就是「蔽」。劉勰深刻地領會了他稱之爲「亘儒」的荀子的「解蔽」說，努力做到荀子所說「兼陳萬物而中懸衡焉。」而且看來他比荀子更能客觀公正地對待各種不同的理論，不像荀子的〈非十二子〉那麼咄咄逼人，幾乎完全打倒了在荀子之外的其他理論。荀子說：「倚其所私以觀異術，唯恐聞其美也。」又說：「夫道者，體常而盡變，一隅不足以舉之。」（均見〈解蔽〉）但荀子並未眞正做到，而劉勰在絕大多數情況下是做到了的。試看劉勰的「諸子」、「論說」等篇，他對與他不同的各家各派的觀點都有所肯定，有的還作了很高的評價。眞正是不「倚其所私以觀異術，唯恐聞其美也」，也眞正是充分地認定「道」「體常而盡變，一隅不足以舉之。」尊儒的劉勰在對待儒家之外其他各家的思想上，沒有一般儒家常有的偏狹性，而有一種不爲儒家思想所束縛的客觀性、公正性。我以爲這同劉勰深研過佛學，思想更爲開濶有關，也同齊梁時期思想仍較

活躍，注重學術論辯（如關於「神滅」與否的論辯）有關。

　　劉勰的「折衷」來自荀子的「解蔽」，但又不只是爲了解除各種理論的偏頗，更重要的爲了創造出劉勰自己的理論。從這方面看，劉勰的「折衷」就是批判地考察前人的各種理論，看看哪些是可取的，應當與之「同」的，哪些是不可取的，應當與之「異」的，然後把各種理論加以熔鑄，以創造出自己的理論。劉勰在評論到屈原的作品時曾說過：「雖取鎔《經》旨，亦自鑄偉辭。」（〈辨騷〉）這句話用來說明劉勰在理論上的創造力，也是非常適合的。《文心雕龍》全書種種理論的提出表明，劉勰是一個善於「折衷」的，也是一個很有創造性的思想家。我在《中國美學史》第二卷中曾經指出，劉勰的思想「由各種成分構成，好像是一種複雜的合金。」（第 655 頁）這正是他善於「折衷」亦即創造的結果。以下舉出本書第一章中已作了分析的劉勰在兩大重要理論問題上的創造作爲例子，以說明劉勰的「折衷」法的具體應用。

　　第一個例子是劉勰關於「道」的理論。劉勰所講之「道」即是《易傳》之「道」，但他又沒有停留在《易傳》的論述上，而從道家、玄學那裏引入了「自然之道」。這種引入又不是簡單照搬，實行一種外在的拼湊結合。因爲道家、玄學的「自然之道」是提倡「無爲」的，同《易傳》的「有爲」的思想不能相容。劉勰如何把兩者加以融合呢？他的做法是只取道家、玄學的「自然之道」認爲天地的生成變化是自然而然的思想，拋棄它主張「無爲」的思想。用劉勰論他的「折衷」法的語言來說，前者（即主張天地的生成變化是自然而然的）他與「自然之道」「同」，後者（即主張「無爲」）他與「自然之道」「異」。這樣，劉勰就

實現了「自然之道」和《易傳》之「道」的「折衷」、融合。而由於從道家、玄學那裏引入了可以納入《易傳》之「道」的重要思想，這就使得劉勰的「道」的理論比《易傳》原有的理論豐富、深化了。在學術史、科學史上，由於引入了某一爲原有理論所無或有而不明確、不完善的觀念，因而使原有理論發生了重要變化，這種情況是常常可以見到的。

第二個例子是劉勰的「心生而言立，言立而文明」這一理論的提出。它顯然同歷史上已有的下述五種理論有關。(1)《禮記》的人爲天地之心說；(2)《左傳》的立言不朽說；(3)《樂記》的樂生於人心說；(4)揚雄《法言》的言爲心聲說；(5)《易傳》的繫辭以明文（指卦象）說。但不論其中任何一種說法，都沒有把「心」、「言」、「文」聯繫起來而說明它們之間的相互關係。劉勰在前人的思想的基礎作了一個「折衷」，創造性地提出了他自己的理論。在學術史、科學史上，將若干種已有的理論加以綜合而形成新的理論，這種情況也是常常可以見到的。劉勰是善於「折衷」的能手，也就是旣掌握了十分豐富的思想資料，又善於使之融合交會的創造性的思想家。這是在今天仍能給我們以啟發的。

劉勰的「折衷」法還有一個重要方面，那就是「兼解以俱通」。劉勰說：

> 奇正雖反，必兼解以俱通；剛柔雖殊，必隨時而適用。若愛典而惡華，則兼解之理偏，似夏人爭弓矢，執一不可以獨射也。若雅鄭而共篇，則總一之勢離，是楚人鬻矛譽楯，兩難得而俱售也。（〈定勢〉）

所謂「兼解以俱通」，就是不把各種對立的主張觀點看作是非此卽彼，互不相容的，而看作是各自均有其存在的理由（「兼解」），可以共存而不悖的（「俱通」）。在《文心雕龍》全書中，劉勰對他所談到的一系列相反的概念，如剛與柔、奇與正、文與質、華與實、典雅與新奇、遠奧與顯附、繁縟與精約、壯麗與輕靡等，都是用「兼解以俱通」的模式去處理的。在〈論說〉中，劉勰在談到魏晉玄學關於「有」與「無」的論辯時還曾指出：「滯有者全繫於形用，貴無者專守於寂寥，徒銳偏解，莫詣正理。動極神源，其般若之絕境乎。」這也是說在「有」與「無」的問題上，旣不能只講「有」，以「有」去排斥「無」，也不能只講「無」，以「無」去排斥「有」，同樣應該「兼解以俱通」。劉勰認爲佛學的般若學就是這樣解決有無問題的，所以比玄學更深微。這裏劉勰所說般若學關於有無問題的理論，大約是指僧肇專門討論有無問題，並對玄學各派均作了批判的著名文章〈不眞空論〉。對這篇文章的思想應如何評價且不論，但它確實是企圖對「有」與「無」的問題作一種「兼解以俱通」的解決的。

　　對劉勰反對「偏解」，要求「兼解以俱通」的思想，一些論者認爲是中國古代辯證法的對立統一觀念的表現。就劉勰不把對立的雙方看作是絕對互不相容的這一點來說，這種看法有一定道理。但細審劉勰的原意，他所注意的主要不是對立雙方如何「統一」的問題，而是強調對立雙方是可以而且應當共存的。與其說劉勰講的「兼解以俱通」是對立統一論，不如說是對立共存論。所以，劉勰的這種思想雖然也是辯證的，但主要不是來自中國古代道家的辯證法，而是來自我們前已引述的荀子的這個思想：「夫

道者，體常而盡變，一隅不足以舉之。」（〈解蔽〉）「兼解以俱通」，主張對立的雙方可以而且應當共存，就是要使人們對於事物的理解不致足於一隅，變成一種狹隘的「偏解」。劉勰在〈知音〉中談到人們對文學作品的評論各持己見、互不相讓時說：「各執一隅之解，欲擬萬端之變，所謂『東向而望，不見西牆』也。」這明顯是上述荀子「道」「一隅不足以舉之」的思想。漢代重「自然」的《淮南子》一書也曾反復強調了這一思想（引文略）。高揚「自然之道」，並仿《淮南子》以〈原道〉作為《文心雕龍》開篇的劉勰，當然也完全可能受到《淮南子》思想的影響。現在看來，劉勰的「兼解以俱通」的思想的可貴之點就在於它反對思想的偏執，主張各種相反的觀點各有其價值，應當讓它們共存，而不應執着於其中的一種觀點去反對、否定與之相反的觀點。劉勰認為只有這樣才能有一種大的氣魄和格局。「若乃齪齪於偏解，矜激乎一致，此庭間之廻驟，豈萬里之逸步哉！」（〈通變〉）劉勰在齊梁時代能有這樣的見解和胸襟，不能不說是十分之難得的。他的「兼解與俱通」的思想，如用現代語言來表達其意思，我想可以稱之為「多元共存論」。通觀《文心雕龍》全書，劉勰在文章的風格、鑒賞的趣味、作家的個性、時代的風尚等等問題上，都是主張多元共存的。但這只是就為了便於理解劉勰「兼解與俱通」這一思想的實際內容而言的，決不是說劉勰早已達到現代所說的多元共存的思想水平。相反，對於劉勰說來，多元共存是要以「徵聖」、「宗經」為前提、為根本的。所以，劉勰在我們上引的〈定勢〉中說：「若雅鄭而共篇，則總一之勢離，是楚人鬻矛譽楯，兩難得而俱售也。」「雅」與「鄭」是相反的，按照劉勰的「兼解與俱通」的說法，它們也應當是可

以共存的，而劉勰卻認爲無法共存。這正是劉勰儒家思想局限性的十分明白的表現。

總起來說，劉勰「折衷」法的宗旨在於「彌綸羣言」，對歷史上的各種理論加以分析，決定去取，然後作出新的綜合，創造出自己的理論。要這樣做，當然就必須承認各種不同的，甚至對立的理論均各有其合理性，否則就無從「折衷」，即加以新的綜合，而只能陷於「偏解」了。所以，「兼解與俱通」是劉勰「折衷」法的一個不可缺少的前提，也是他的「折衷」法的一個重要方面。如前所述，劉勰的「折衷」法表現了他是一個創造性的思想家，並且能夠相當客觀公正地去對待各種不同的思想，有一種反對偏執的可貴氣魄。但這又是同劉勰強調「徵聖」、「宗經」的思想難於相容的。劉勰「折衷」法的難以克服的內在矛盾就在於此。在本書第四章中我們將會看到，由於這一矛盾，使得劉勰的美學思想也陷入了他所說的「楚人鬻矛譽楯，兩難得而俱售也」的境地。

二　正本法

劉勰的「折衷」法不是那種平庸 無思想的折衷調和，而是對已有各種理論的批判的分析、改造和綜合。因此，它必須有一種進行「折衷」的根本的指導思想。此外，爲了把各種理論綜合成爲一個有條理的，而不是雜亂無章的體系，同樣需有一個根本的指導思想。所以，劉勰在「折衷」法之外又提出了「正本」法。

劉勰在〈宗經〉中提出了「正末歸本」，在〈章句〉中指出

「振本而末從，知一而萬畢矣。」在〈總術〉中又說「務先大體，鑒必窮源。乘一總萬，舉要治繁。」所謂「本」，是「一」，是「要」，而「末」則是「萬」，是「繁」。這也就是說，「本」是一種事物或一種理論中最根本的東西，其他的東西不論如何紛繁複雜，都是由這個「本」產生出來的。因此，文章的寫作，理論的闡述都必須抓住這個「本」，才能構成一個有條理的系統。劉勰又把這稱之為「附會之術」。他說：

> 附辭會義，務總綱領，驅萬塗於同歸，貞百慮於一致，使眾理雖繁而無倒置之乖，群言雖多，而無棼絲之亂，扶陽而出條，順陰而藏跡，首尾周密，表裏一體，此附會之術也。夫畫者謹髮而易貌，射者儀毫而失牆，銳細精巧，必疏體統。（〈附會〉）

對於劉勰的「正本」法和與之相關的「附會之術」，首先值得注意的是他強調了「振本」、「務先大體」的重要性。這是任何一種較完善的敘述方法或理論的結構都必需注意的重要問題。試看古今有重大價值的理論著作，都有一種基本的理論觀點貫穿其間，作者的種種思想往往能夠歸結為一個基本的命題而一言以蔽之。這正是思想的高度成熟的表現，也就是能「振本」的表現。相反，西方現代不少哲學、美學著作，分析看來是再也細緻不過的了，但可惜很忽視「本」的問題，甚至認為這是個無意義的問題，只一味地「銳精細巧」，結果是雜亂、繁瑣不得要領，有時使人不堪卒讀。其次，劉勰的「正本」和「附會之術」，看來有中國古代前科學的系統論意味。它要求一種理論必須是一個

首尾連貫、周密統一的結構，系統中的每一件東西都應放在它應有的位置上，而沒有任何倒置錯亂之處。這種思想既和我們下面將要講到的王弼的思想相關，也同《易傳》認爲天地萬物「至動而不亂」，把自然界看成是一個合規律地運動的系統相關。此外，從現代的觀點看來，劉勰所說的「本」和現代科學哲學所講的理論的「硬核」有近似處，而「末」則略似由「硬核」而生的「硬核」的「保護帶」。劉勰以樹的根本和枝葉的關係來比喻一種理論的根本觀點和由此觀點產生的其他思想之間的關係，現代科學哲學則以「硬核」與「保護帶」的關係作比方。兩者不能等同，但無疑又有類似之點。把古人現代化是不對的，但否認現代的某些思想在古人那裏也會有某種素樸的萌芽狀態的表現，這也是不對的。

但是，劉勰所謂「正本」和對「本」與「末」的關係的處理，不僅是一個方法論問題，而且是一個同中國古代哲學本體論直接相關的問題。這個問題在魏晉玄學中受到了很大的重視，由王弼給以了最爲集中的論證。在王弼看來，「道」是生成一切現象的本體，它具有不受任何個別事物限定的，無限的可能性。本體雖然不能脫離現象，但現象終究是一種個別的、有限的東西，因此必須揚棄現象以達到那無限的本體，而不能停留和執著於現象。正因爲這樣，王弼認爲《老子》一書幾乎可以歸結爲一句話：「崇本息末。」（《老子指略》）此外，王弼又從《老子》一書的理論結構及對世界萬物的認識指出「本」的重要性，認爲老子之書「言不遠宗，事不失主；文雖五千，貫之者一」；掌握了「本」就能「無幽而不識」，「每事爲意，則雖辯而愈惑。」（引文見同上書）在論及對《周易》一書研究時，王弼又說：

「自統而尋之，物雖衆，則知可以執一御也；由本以觀之，義雖博，則知可以一名舉也。」（《周易略例》）和王弼相比，劉勰對王弼那種推崇本體，認爲現象自身無絕對價值的看法是不同意的，他在〈論說〉中評論到玄學時明確指出了「貴無者專守於寂寥」是「徒銳偏解，莫詣正理」的表現。劉勰認爲「文」是「道之文」，卽「道」爲本體，「文」爲現象，「道」是「本」，「文」是「末」，但劉勰一點也不輕視「文」，不輕視感性的自然界。他講「道」是爲了說明「文」，肯定「文」的重要價值。在文學理論上，他要文學家「正末歸本」也不是否定「文」，而正是爲了使「文」成爲具有重要價值的「道之文」。但是，在應用「本」「末」關係的理論來說明對事物的認識、理論的構成和文章的寫作上，劉勰顯然又吸取了王弼的思想。這也是上述劉勰的「折衷」法的表現。劉勰對待各種思想都是這樣，旣看到各種思想中他認爲合理可取的東西，同時又保持自己的獨立性，貫徹自己特有的看法。

　　劉勰的「正本」法有其不應忽視的理論意義，但由於他所說的「本」，在抽象的層次上是他講的「道」，就具體的層次說卻是他認爲對「道」作了最好的闡明的「聖人」的言論和古代儒家的經典。因此，「正本」也就是「徵聖」、「宗經」，「還宗經誥」（〈通變〉）。這最爲突出地表現了劉勰「正本」法的儒家思想的局限性，而不可能像他的「折衷」法以及下面卽將講到的「索源」法那樣取得顯著豐碩的成果。

三　索源法

劉勰所講的「正本」是與「索源」相聯的。爲了「正本」，
即找到事物的根本，就需要「索源」。劉勰在〈序志〉中說：
「振葉以尋根，觀瀾而索源。」在〈知音〉中又說：「沿波討
源，雖幽必顯。」前已引述的〈總術〉中也說：「務先大體，鑒
必窮源。」和「正本」法一樣，劉勰的「索源」法也直接受到王
弼的影響。王弼在《老子指略》中說：「夫欲定物之本者，則雖
近而必自遠以證其始。夫欲明物之所由者，則雖顯而必自幽以敍
其本。」又說：「察近而不及流統之源者，莫不誕其言以爲虛
焉。」劉勰的說法和王弼的說法的類似之處是十分明顯的。

然而，善於「折衷」的劉勰又不全同於王弼。在王弼，是
把一切事物的根源都追溯到他所說的「道」，亦即作爲天地本根
的「無」，把萬物看作是作爲「無」的「道」的表現。在劉
勰，「道」是以他所理解的「自然之道」加以解釋的《易傳》之
「道」。這個「道」並非王弼所說的「無」，它是以渾沌未分的
元氣爲其始基（「太極」）的，由之產生了天地萬物。因此，劉
勰的「索源」是要具體地找出事物產生的根源及其實際的過程，
而決不是要去達到王弼所說的那個「無」。就文學而言，劉勰的
「索源」法就是要說明一切文學作品都是源於《經》的。但每一具
體的文學體裁又各有其產生發展的過程，所以都需要一一地「索
源」。雖然劉勰的「索源」最終還是爲「正本」即「還宗經誥」
服務的，但其意義又已遠遠超出其目的。因爲在這樣的「索源」
中包含了對文學發展的種種具體的歷史考察。所以，從現代的觀

點來看，劉勰的「索源」法本質上就是一種歷史的方法。

　　劉勰對這種方法的運用十分成功，取得了很大的成果。通觀《文心雕龍》全書，幾乎對每一個問題的闡明都要追溯其歷史的根源。他關於各種文學體裁的論述，從〈辨騷〉到〈書記〉，總計二十一篇，每篇都周密而又簡明地評述了每一文學體裁產生發展的歷史。〈時序〉和〈才略〉又不為不同的文學體裁所拘束，而對文學的歷史發展作了一種整體的評述。前者是密切地聯繫到時代的變化來評述的，以說明「文變染乎世情，興廢繫乎時序，原始以要終，雖百世可知也。」（〈時序〉）後者是以時代先後為序，縱論各個時代的重要作家的成敗得失。兩篇均洋洋灑灑，一氣呵成，而且充滿各種中肯、深刻、獨到的見解。用劉勰在〈誄碑〉中講過的一句話來說，堪稱是「清詞轉而不窮，巧義出而卓立。」一部《文心雕龍》，既是一部文學理論，同時也可看作是一部卓有創見的文學史，兩者是密切聯繫在一起的。這是劉勰運用他的「索源」法所結出的豐碩果實，也是他自幼長期苦學，知識極為淵博的產物。直至今天，仍然令人讚嘆。劉勰在文學史研究方面所取得的成就，是一個需要專門加以研究的課題。這裏略而不談。

　　司馬遷在〈報任少卿書〉中說過：「究天人之際，通古今之變，成一家之言。」富於歷史感是中國古代思想家的一大特點，也是一大優點。自先秦以來，古今問題歷來是一個不斷被討論的問題。從考索歷史起源的角度去求得對各種問題的解決，也是許許多多思想家常用的方法。雖然，這種歷史的方法也常常顯示了中國傳統的保守性，但就注重歷史的探討這一點來說，仍然有其不能否認的重要價值。而且，從荀學到《易傳》這一思想路線

來看，它提出了「通變」的觀念，鮮明地肯定了歷史是處於不斷的變化之中的。劉勰的《文心雕龍》把「通變」的觀念運用於文學，並對「通變」的觀念作了極大的強調和重要的說明。在本書第一章中已論及，這裏不再重複。劉勰的「索源」法，通體貫穿著他的「通變」觀念，把歷史看作是不斷發展變化的。

就現代的科學方法來說，歷史的方法是一個十分重要的方法。我們現在所見的各種事物都是漫長的歷史運動的產物，但在它們的上面，歷史的過程已消失了，看不到了。因此，我們要對這些事物求得一種合理的解釋，就需要去追溯它在歷史上產生形成的過程。相反，如果我們把事物不看成是歷史的產物，而以為它們一出現就像我們現在所看到的樣子，或者以為它根本同歷史無關，那就難於對它作出合理的解釋。從這點來看，劉勰的「索源」法，卽他在古代條件下所運用的歷史的方法，對我們仍然是有重要啟示的。

但是，劉勰的「索源」法最終又是為了「正本」，卽證明儒家正道是永恒的、不能背棄的，這就使他的歷史的方法受到嚴重的局限，變成了教人回歸到古代的「聖人」和儒家經典中去。雖然劉勰決不是一個復古主義者，因為他十分明確地肯定了「新變」、「日新」、「趨時」的必要性。但他不能脫出儒家思想去講「新變」，這是被歷史條件所限定了的一個重大弱點。儘管他對儒家思想的強調，包括對「宗經」的強調，從救正齊梁文學內容空虛單薄的弊病來說，無疑是有某種積極作用的。

「折衷」、「正本」、「索源」，是劉勰思維的三種基本模式，三者又是互相聯繫著的。除此之外，劉勰還多次講到了「析理」的問題。《文心雕龍》全書表明，劉勰是有一套他的「析

理」法的。這個問題，牽涉到中國先秦古代的邏輯，佛學、玄學的思維邏輯問題，也牽涉到對《文心雕龍》一書（至少是其中的一些篇章）進行語言邏輯分析的問題。由於我對語言邏輯分析的問題所知極少，這裏只好從略。但我甚望能有關於這一專題的研究出現。

肆　美學思想

　　劉勰的美學是和他的哲學直接聯繫在一起的。由於劉勰的哲學具有鮮明強烈的自然主義精神，因此劉勰的美學也通體滲透著自然主義。這在中國美學史上可以說絕無僅有，因爲我們再也找不到任何一種美學如劉勰的美學這樣，處處從自然出發去解決美學的問題。

一　自然主義的美論

　　劉勰《文心雕龍》很少使用「美」這個詞。但劉勰所說的「文」，在絕大多數情況下也就意味著美，「文」即是「美」。如我們已講過的，劉勰在〈原道〉中對「天文」的種種描繪，諸如「龍鳳藻繪」、「虎豹炳蔚」、「雲霞雕色」、「草木賁華」、「林籟結響」、「泉石激韻」，都有一種非人工所能爲的美，並且被看作是人工所爲的藝術美難於比擬的。在這裏，「文」即是「美」一目了然。在〈情采〉中，劉勰又說：「立文之道，其理有三：一曰形文，五色是也；二曰聲文，五音是也；三曰情文，五性是也。五色雜而成黼黻，五音比而成〈韶夏〉，五情發而爲辭章，神理之數也。」這裏所說的「文」同樣也指的是美，並且

是指藝術的美。總之，在劉勰的思想裏，「文」旣可用以指自然界的美，也可用以指人所創造的藝術的美。

「文」含有美之意，起於儒家，至《易傳》又更加強調了「文」這個概念，而且也含有美的意思在內。劉勰很少單言「美」，而以「文」爲「美」，旣是因爲他是從《易傳》出發來講美的，也是因爲他十分重視美訴之於人的感官的鮮明性、生動性。〈原道〉中對「天文」的描繪清楚地說明了這一點。就是對於並非訴之視覺的文學，劉勰也十分強調必須有一種如訴之視覺的「采」。他極爲明確而肯定地說：「聖賢書辭，總稱文章，非采而何！」（〈情采〉）所以，劉勰不但講「文」，而且還很重視「采」這一概念，認爲「文」是必須有「采」的。而「采」這一概念，當然也是指美，並且比「文」這一概念更加突出了美訴之感官的特徵。劉勰很少使用「美」這個詞，而用「文」、「采」來代替它，恰好說明劉勰對美所具有的感性特徵的高度重視，同時也避免了中國古代語言中「美」這個詞常易於與「善」混同而產生的問題。所以，很少使用「美」這個詞，看起來也沒有專門討論「美」的問題的《文心雕龍》，在中國美學史上卻是最重視「美」的問題，並作了許多重要探討的一部書。在它之前，我們沒有看到這樣的書；在它之後，也不再有了。

在《文心雕龍》裏包含著一個很爲完整豐富的，自然主義的美的理論。現將其要點分述如下。

第一、自然界的美是自然而然地生成的，非人爲的。如「雲霞雕色」，並非「畫工」所爲；「草木賁華」，不關「錦匠」的技藝。「林籟結響，調如竽瑟；泉石激韻，和若球鍠」，當然也非樂工所爲。總之，「形立則章成，聲發則文生矣」，大自然的

「形」和「聲」的生成中就有「章」，有「文」，亦即有美。從哲學上看，這是《易傳・繫辭上》所說「天下至賾而不可惡也」、「天下至動而不可亂也」的思想在美學上的創造性的發揮。自然界的生成變化本身就有其合規律性和合目的性，因而看起來有類似於人的藝術創造，甚至比人的藝術創造更巧妙的美。但這種合規律性和合目的性的表現又並非來自一個有意識的人格神，它純粹是一種自然而然的現象。這樣一種對美的根源與本質的認識，貫穿在劉勰的全部美學思想之中。這是一種十分徹底的自然主義的美學觀，它明快地肯定了美的產生是以自然界為其根基、源泉的。

第二、藝術（包括文學，下同）的最初的產生也是從自然而來，是一種自然而然的現象。如本書第一章已作過詳細分析的，「心生而言立，言立而文明，自然之道也。」（〈原道〉）

第三、藝術作品的美及其 規律是來 自自然的 。 如劉勰所說「形文」即以繪畫為主的造型藝術的美、「聲文」即音樂藝術的美、「情文」即文學的美，三者均出於自然。「五色雜而成黼黻，五音比而成〈韶夏〉，五情發而為文章，神理之數也。」這裏的「神理」之「神」，從劉勰的來自《易傳》的哲學思想來看，並非指有意識的人格神，而是《易傳》所說「陰陽不測之謂神」的「神」，「神也者，妙萬物而為言者也」的「神」。它指的是自然界的一種神妙而難於把握的變化。它和人事政治有重要關係，但它本身又仍是自然界的變化， 不是來自有意識的人格神 。 所以，劉勰說「形文」、「聲文」、「情文」的產生是「神理之數也」，亦即說是由自然界的神妙變化的法則所決定的❶。如文學

---

❶ 此處之「神理之數」，與《易傳》所說「參伍以變，錯綜其數，通其變，遂成天下之文；極其數遂定天下之象」有關。

作品中騈文的排比對偶（「麗辭」）的法則及其具有的美，也是由自然而來的。劉勰說：「造化賦形，支體必雙；神理爲用，事不孤立。夫心生文辭，運裁百慮，高下相須，自然成對。」（〈麗辭〉）

第四、一切成功的、美的藝術作品都是合乎自然，體現了自然的美的。如各類體裁的文章的寫作均須「卽體成勢」，「如機發矢直，澗曲湍回，」有「自然之趣。」「圓者規體，其勢也自轉；方者矩形，其勢也自安。文章體勢，如斯而已。」（〈體性〉）文章的眞正的美，不在「雕削取巧」，而在「自然會妙，譬卉木之耀英華；潤色取美，譬繪帛之染朱綠。」（〈隱秀〉）傑出的作家的作品，其美妙在於能與自然的美並駕齊驅。如「氣含風雨之潤，」「筆吐星漢之華。」（〈詔策〉）「屈平聯藻於日月，宋玉交彩於風雲。」（〈時序〉）

第五、一切藝術家的創造，旣同「學」有關，但更重要的是「才」，而「才」是從自然而來的。如蔡邕寫的〈陳太丘碑文〉和〈郭有道碑〉，「其敍事也該而要，其綴采也雅而澤；清詞轉而不窮，巧義出而卓立；察其爲才，自然而至矣。」（〈誄碑〉）又如賈誼，司馬相如等大作家的成功，都因有來自「自然之恒資。」（〈體性〉）處處從自然出發來看美與藝術的劉勰一點也不忽視藝術家創造的才能和能動性，而給以了高度的重視。但是，當著說明這才能和能動性的根源時，劉勰仍是歸之於自然的。不但才能的產生不能脫離藝術家自然的禀賦，而且創造的成功最終也在合乎自然，能與自然相媲美。

劉勰從自然來講美與藝術，旣和《易傳》、道家、玄學的思想相關，也顯然受到西晉發展起來的對天地萬物的美的讚頌和描

繪的影響。特別是成公綏及其〈天地賦〉對劉勰的影響更是明白
可見。關於這一問題，我在《中國美學史》第 2 卷中已作了相當
詳細的說明（見該書第 684-686 頁），茲不再贅。此外，自劉宋
以來，宗炳的《畫山水序》和王微的《敍畫》，雖然美學觀點與
劉勰的思想並不相同，但也都充分地肯定了自然本身包含有生動
豐富的美。但是，不論成公綏還是宗炳、王微，都遠未形成像劉
勰這樣明確、完整、豐富的自然主義美學。他們在美學上有某些
比劉勰深刻的觀點，但總的而言，難與劉勰相比。

　　劉勰從自然來看美與藝術，但他的看法又與道家、玄學的看
法有不能混同的重要區別。道家推崇自然無為，因此它也推崇一
種不假人工雕鑿的自然的美。但它所推崇的這種美，又是以「素
樸」為其特色的。劉勰則不同。他一方面主張藝術的美要有「自
然之趣」，「自然會妙」，並且還明確反對「雕削取巧」，也曾
說過「衣錦褧衣，惡文太章； 賁象窮白，貴乎反本」這樣的話
（見〈情采〉），但劉勰所追求的並不是道家的那種「素樸」之
美，而是一種繁富、輝煌、華麗的美。他在〈序志〉中說：「古
來文章，以雕縟成體。」這句話最為簡明地說出了劉勰的美的趣
味和理想。 他所追求的如「雕龍」般的美， 明顯與道家追求的
「素樸」之美不同。所以，劉勰講自然之美，並不是排斥繁富、
輝煌、華麗的美，而只是要求這種美應是合乎自然的，而非人工
雕鑿的。 也就是說， 劉勰企圖把自然之美和他追求的繁富、輝
煌、華麗的美結合起來。和玄學相比，玄學家也講自然之美，但
他所追求是一種超越形色音聲的永恒絕對的美。如阮籍說：「形
之可見，非色之美；音之可聞，非聲之善。」「是以微妙無形，
寂寞無聽，然後乃可以睹窈窕而淑清。」（〈清思賦〉）顯然，

大講「形文」、「聲文」即「五色」、「五音」之美的劉勰是與玄
學家很不相同的。他不但不輕視形色音聲之美，而且一再地強調
這種美。高度重視訴之感官的自然界的形色音聲的美，始終不脫
離感性的自然界去講美，這是劉勰美學的一個帶根本性的特色。
它的思想的歷史的淵源出自荀子。和孔子、孟子不同，荀子充分
肯定了對形色音聲之美的追求是一切人所具有的自然的欲求，問
題只在這種追求必須符合儒家禮法。所以，在儒家美學中，荀子
突出地強調了人對感性世界的美的追求的必然性、合理性。但荀
子對這種美並未從理論上作出多少說明，他講得最多的是美與藝
術的教化作用問題。劉勰也很強調這個問題，但他講得更多，也
更為重視的卻是自然的形色音聲的美。劉勰雖然標榜「徵聖」、
「宗經」，但他的美學所關注的主要方面並不是儒家的教化，而
是美的問題。這是劉勰美學的重要貢獻。

　　劉勰從自然來講美，他的美學是十分徹底的自然主義美學，
但劉勰並沒有西方古希臘美學那種認為藝術是對自然的「摹仿」
的觀念。相反，在劉勰的美學中，聯結藝術與自然的環節不是
「摹仿」，而是由自然產生的人的「心」、「情性」的表現。這
「情性」來源於自然，是由自然的對象所喚起的。說藝術要合於
自然，不是說藝術要「摹仿」自然，而是說它對「情性」的表現
應合於自然生成變化的神妙的規律，像自然（「天文」）那樣地
美麗。其所以如此，是由於中國的自然主義哲學，特別是劉勰所
祖述的《易傳》的自然主義哲學把自然看作與人的存在處於和諧
統一之中，並且賦予了自然以一種倫理道德情感的意義，高度重
視自然與人的內心生活、情感狀態的關係。自然主要不是被作為
外在的認識對象來看待的，而是作為與人的內心生活、情感狀態

緊密相聯的對象來看待的。因此，即使藝術具體地描繪著某一對象，那也不是爲了「摹仿」這一對象，而是爲了表現和這一對象相關的某種感情。中國古代的自然主義美學不是「摹仿說」的美學，而是以表現源於自然，由自然所引起的情感爲其特徵的美學。當然，這不是說西方的「摹仿說」根本排斥情感的表現，而是說它首先強調的是對外部自然的一種認識性的摹仿，情感的喚起是這種認識性的摹仿的產物。這在亞里士多德的《詩學》中講得很清楚。反過來說，中國古代自然主義美學所講的情感的表現也決非與認識無關。它包含著深刻的理性認識，但這認識主要是一種和人的存在緊密相聯的倫理道德的認識，而非一般所說科學意義上的認識。即使它涉及了科學的認識，最終也仍然要被歸結到倫理道德上來的。所以，中國古代自然主義美學雖然十分強調藝術與自然的關係，但它一開始就排斥着那種對自然的單純認識性的摹仿。因爲在它看來，各種自然現象都包含著和主體的倫理道德情感相關的重要意義，而且只有作爲這種意義的呈現，自然現象才具有審美的和作爲藝術對象的價值。關於藝術的本質問題，劉勰提出了一個重要的藝術哲學的模式，我們卽將在下面加以討論。

　　從現在看來，劉勰的自然主義的美的理論基本上還停留在古代素樸的經驗觀察的水平上。因爲它並沒有進一步去分析美何以是從自然產生的，自然何以能具有同人類相關的美的意義。但是，劉勰明確而無可置疑地肯定自然是美的發生的根源，一切美的事物都合乎自然生成變化的法則或規律，這在今天仍有其不能否認的意義。因爲人本是自然的一部分，整個人類的生存一刻也不能脫離自然。儘管美的產生是一個複雜的問題，美的規律和自

然規律也不能簡單等同，但一切人類稱之爲美的東西，終歸不能
是與人類生存發展的自然規律相敵對的東西。深入地研究外部自
然界以及作爲主體的人自身的自然生命的存在和發展同美的產生
和發展的關係，消除美與藝術同自然之間的分裂和敵對，促進兩
者內在有機的、動態而非靜態的統一的發展，我以爲是當代自然
主義美學的重要任務❷。在這方面，劉勰的美學仍能給我們以重
要的啟示。這一點，在我們以下對劉勰美學的論述中，還可以進
一步清楚地看到。

二　藝術哲學的模式

劉勰根據《易傳》的宇宙論的哲學模式提出了他的一個藝術
哲學的模式。他說：「情理設位，文采行乎其中。剛柔以立本，
變通以趨時。」（〈鎔裁〉）這個模式，簡明、完整、深刻地概
括了劉勰的藝術哲學，在中國美學史上也具有重要的理論意義。
但歷來未得到充分的注意和應有的分析、估價。

只要把劉勰的這個藝術哲學的模式和《易傳》宇宙論的哲學
模式一加對比，兩者的關係是十分清楚的。《易傳》說：「天地
設位而易行乎其中矣。」劉勰則從藝術創造出發，提出「情理設
位，文采行乎其中」的看法。在這裏，「情」相當於「天」，「理」
相當於「地」，「文采行乎其中」則相當於「易行乎其中」。《易
傳》又說：「剛柔者，立本者也；變通者，趨時者也。」劉勰也

❷　在現代，杜威美學對自然主義美學的發展作出了最大的貢獻。但可
　　惜在他之後，他的思想未得到充分的重視、研究和發展。種種雖然
　　能給我們以某種形而上的啓示，但又空幻玄虛的非理性主義論調甚
　　囂塵上，代替了對人與自然的關係的切實深入的研究。

把它搬了過來，納入他的藝術哲學的模式，提出「剛柔以立本，變通以趨時。」這一切是不是一種毫無意義的簡單比附呢？無疑，它是一種比附，但卻又包含了不能忽視的重要意義。

劉勰所說的「情理設位」，把「情」比為「天」，「理」比為「地」，十分明確地肯定了「情」與「理」是產生藝術作品的兩個最根本的要素。正如天地間的萬物是由天地陰陽的交互作用而產生的一樣，「文采」亦即藝術的美也是由「情」與「理」的交互作用而產生的。劉勰在〈情采〉中說過：「情者，文之經；辭者，理之緯。經定而後緯成，理定而後辭暢，此立文之本源也。」這正是對「情理設位，文采行乎其中」的說明。劉勰的看來是比附的說法，把「情」與「理」和藝術的關係提到了一種根本性的重要地位，視之為產生藝術作品的兩大基元，並把藝術看作是「情」、「理」交融的產物。這深刻地展示了中國古代藝術哲學的根本思想，是劉勰之前沒有人如此之明確地說過的。

《易傳》說「天地設位而易行乎其中矣」，劉勰以「文采行乎其中」來比附「易行乎其中」，看來好像很為牽強，實際上劉勰也自有他的道理。就《易傳》而言，「易行乎其中」是指生生不息的萬物在天地中運動變化著，這種運動變化是陰陽二氣的運動變化的表現。而劉勰所說「文采行乎其中」的「文采」，在他看來也正是「氣」的產物，並且也是生生不息地在變化著的。就藝術作品的美的構成法則來說，它是和「氣」密切相關的。如音律「本於人聲，」「聲含宮商，肇自血氣」（〈音律〉）；對偶源於「造化」❸，「造化賦形，支體必雙」（〈麗辭〉）。就藝

---

❸　「造化」一詞，出自《莊子》，其意為陰陽二氣陶鑄出萬物。

術作品的創造來說，「精理爲文，秀氣成采。」（〈徵聖〉）
「采」是人所禀「五行之秀氣」的表現。「采」不能離「情」，
「情」又不能離「氣」。「情與氣偕，辭共體並。」（〈風骨〉）
每一文學家的創作都是「肇自血氣」的，「氣以實志，志以定言，
吐納英華，莫非情性。」（〈體性〉）。在評論到各個作家時，
劉勰又經常以「氣」去說明他們的作品的「采」。這樣的例子不
勝枚舉。此外，這由「氣」而生的「采」，劉勰認爲是處在不斷
變化之中的，所以他提出要「日新其采」。（〈封禪〉）由此可
見，劉勰以「文采行乎其中」比附《易傳》的「易行乎其中」，
並非毫無根據的字面上的比附，而是同他對「文采」與「氣」的
關係的認識聯繫在一起的。劉勰認爲「文采」源於「氣」，並且是
不斷變化的，實際上包含著對藝術的美與自然生命的運動變化，
以及與藝術家的生命、氣質、個性的關係的認識。這在中國古代
美學中同樣是一個很重要的問題。

　　至此，我們可以看到，「情理設位，文采行乎其中」，其眞
實的含義是說：就如天地陰陽的交互作用產生了生生不息地運動
變化著的萬物一樣，「情」與「理」的交互作用產生了同樣是生
生不息地運動變化著的「文采」（藝術作品的美）。由於萬物的
變化不能出於天地的範圍，所以《易傳》說「易行乎其中」；同
樣，由於「文采」的變化不能出於「情」、「理」的範圍，所以
劉勰說「文采行乎其中」。然而，不論《易傳》所講的天地及萬
物的變化，或劉勰所講「情」、「理」及「文采」的變化都是以
陰陽二氣爲本的，而且其變化是隨時而異，沒有止境的，因此劉
勰又據《易傳》提出「剛柔以立本，變通以趨時」。這包含了劉
勰對作家不同的氣質以及作品的不同的美的說明，也包含了劉勰

對藝術美的發展的說明 。 就前者來說 ， 劉勰認爲作家「才有庸
儁， 氣有剛柔」 ， 「風趣剛柔， 寧或改其氣」 （〈體性〉）。
「剛柔」 有不同的 「風趣」 ， 表現在作品上也就有不同的美。劉
勰並不否認陰柔一類的美，但他更重視陽剛的美，這表現在他對
「風骨」 的提倡上（詳後）。就對藝術美發展的看法來說，「變
通以趨時」 是劉勰的根本思想，他在〈通變〉篇中專門作了集中
的說明。本書第一章中已經涉及，這裏略而不談。

　　劉勰根據《易傳》宇宙論的哲學模式而提出的藝術哲學的模
式，概括了他自己的美學思想的各個最基本的方面。由於這個模
式是根據《易傳》宇宙論的哲學模式而提出的，所以它看起來也
是一個藝術宇宙或藝術世界的哲學模式。這個藝術世界是以「氣」
爲其根基的，上面是「情」，下面是「理」，中間則是由「情」
與 「理」 交融而生的變化不息的 「文采」。 劉勰這一構想的提
出，充分說明他對《易傳》的思想和對文學藝術的理論作過極爲
認眞深入的思考，同時也說明被看作是一個文學理論家的劉勰是
很不滿足於僅僅作一個文學理論家的。

三　文學作品的構成與人體

　　不滿足於僅僅作一個文學理論家的劉勰總是力圖要把他對文
學的看法提到一種具有哲學水平的高度。他對文學作品的結構層
次的分析也充分地表現了這一點。

　　劉勰在〈附會〉中說：「夫才童學文，宜正體製，必以情志
爲神明， 事義爲骨髓， 辭采爲肌膚， 宮商爲聲氣， 然後品藻玄
黃，摛振金玉，獻可替否，以裁厥中，斯綴思之恒數也。」這雖

則是爲「才童學文」而提出的，其實包含了在劉勰之前所未見的對文學作品的結構層次的分析，並且把它和人體的構成聯繫起來了。下面，我們就來逐一地分析一下劉勰所提出的幾個層次，最後再把它和英伽登(Roman Ingarden)對文學作品的層次分析作一簡單的比較。

劉勰把文學作品的構成區分爲「情志」、「事義」、「辭采」、「宮商」四個方面，每一方面又都是與人體的構成相對應的。這四個方面構成爲一個系列，可以從正向和逆向兩個角度去觀察。兩個方向的觀察，都可見出一種遞進的層次的意義。現在，先把它作爲構成文學作品的幾個方面來加以考察。

第一、「以情志爲神明」

儒家很早就提出了「詩言志」的思想。這個「志」應是孔子所說「志於道」之「志」。雖然它也和個人的情感意志相關，但基本上是一種嚴肅的理性的東西。〈樂記〉開始強調了「情」，但同時也講到了「反情以和其志」，把「情」和「志」聯繫起來了。這在後來的〈毛詩序〉中得到了發揮。〈樂記〉所講的「情」從荀子而來，它指的是人生而具有的感性的好惡欲求，所以〈樂記〉才提出了要「反情以和其志」。由此正可見出，「情志」合爲一個概念，是感性與理性的統一體，也就是劉勰所說情與理的統一。但劉勰不說「情理」而說「情志」，一方面是因爲文學作品是作爲創作主體的文學家的思想感情的表現，稱爲「情志」當然更爲恰當；另一方面是因爲劉勰所說文學作品構成的第二方面即「事義」，明顯正是直接和「理」相關的。因此，劉勰所說的「情志」雖也包含着理性的東西，決不是僅指人的自然的好惡欲

望，但「情」的成分應是更重要的。通觀《文心雕龍》全書，明顯可見劉勰重「情」的傾向。他是以「情」作爲統領文學創造的根本的東西來看待的，雖然「情」還需符合儒家正道。這種重「情」的傾向，旣和魏晉以來重「情」的思想有關，也和劉勰的思想來源於荀學——《易傳》這一系統，而荀學在儒家中最重視人的情感欲望的滿足有關。劉勰把「情志」在文學作品構成中的地位比之爲人的「神明」，這說明「情志」具有極大的重要性。這一點，劉勰在〈情采〉中作了十分明白的論述。「神明」一詞是魏晉人物品藻中經常應用的一個重要概念。它不僅指人的精神智慧，而且「神明」如何還同人的精神所達到的境界的高下有關。如《世說新語・巧藝》中，庾道季批評戴逵所畫人像「神明太俗」即是例證。這更可見出作爲一篇作品的「神明」所在的「情志」的重要性。

第二、「以事義爲骨髓」

這裏的「事」指的是事實，也就是劉勰所說「事信而不誕」之「事」；「義」指的是儒家在人事政治倫理的活動和行爲中必須堅守的根本原則，也就是劉勰所說「義貞而不回」的「義」（引文均見〈宗經〉）。「事義」顯然同認識、政治倫理道德的原則直接相聯，和劉勰所講的「理」和「學」密切相關，是屬於理性、意志方面的東西。劉勰把「事義」比爲人的「骨髓」，也就是認爲「事義」對於文學作品起着一種支撐作用，使之具有堅實剛正的骨格。這實際上就是要求作品應有一種堅強的理性的力量。「骨」這個詞在魏晉人物品藻中也是常被應用的，一般是用以形容人格道德的力量。如《世說新語・賞譽》中說，王右軍稱

讚「陳伯玄塊壘有正骨。」文學作品如只有「情志」而缺乏「事
義」，在劉勰看來就會「任情失正，文其殆哉！」（〈史傳〉）
劉勰強調「事義」無疑是爲了維護儒家正道，但同時也表現了劉
勰尊重事實和堅守高尙的道德信念的人格精神，並且表現了他對
文學的理性的力量的充分重視。這是有重要意義的。

第三、「以辭采爲肌膚」

「辭采」指文學語言在描繪事物、表現感情中所顯示出來的
美。劉勰把「辭」和「采」聯繫起來，並很重視「采」的問題，
表明他很爲強調文學語言所喚起的，宛如彩繪般生動鮮明的形象
的美。劉勰把「辭采」比爲「肌膚」，說明相對於「情志」、
「事義」來說，它是外部的，直接訴之於人們的感性的東西。但
這並不意味著劉勰認爲「辭采」是不重要的，相反，他極其重視
「辭采」的美的價值。這是《文心雕龍》全書一個十分鮮明的特
點，也是劉勰美學思想的重要價值所在。在〈夸飾〉以及〈詮
賦〉、〈比興〉等篇中，劉勰很好地闡述了文學語言的美。在
〈麗辭〉、〈章句〉、〈練字〉中，劉勰又具體地探討了文學語
言以致字形的規範、結構、變化的美。〈原道〉的一個重要目的，
也是爲了從哲學上來論證文學語言的美的價值，以提高它的地
位。就是在〈徵聖〉、〈宗經〉中，劉勰也顯然十分重視文學語
言的美。在他對各種應用性文章的寫作的論述中，着眼點也仍在
文學語言的美，實際上把這些文體的寫作當作文學的創造來看待
的。劉勰「以辭采爲肌膚」，而「肌膚」之美也是考究「姿容」
之美的魏晉人物品藻十分注意的一個方面，有關的記載不少。如
玄學家何晏面色很白，時人以爲是搽了粉的緣故，甚至用使他

流汗的辦法來驗證虛實。在藝術上，東漢末年主張書法「肇於自
然」的大書法家蔡邕曾講到「藏頭護尾，力在字中，下筆用力，
肌膚之麗」，把「肌膚」與書法之美相聯（見〈九勢〉）從《文
心雕龍》中的〈練字〉來看，劉勰對書法藝術也有甚深的了解。
現題爲僧祐所作，但很可能出自劉勰之手的〈梵漢譯經音義同異
記〉一文（見《全梁文》卷 71），也講了有關書法的重要見解。
劉勰在〈練字〉中所說「聲畫昭精，墨采騰奮」一語，細究起
來，似也同上引蔡邕的說法有相通處。

第四、「以宮商爲聲氣」

　這裏的「宮商」指的就是文學語言的聲律。齊梁時期，沈約
等人對聲律問題的探討，有關聲律的基本理論的建立及其在文學
創作上的應用，是對漢語言文學美的認識的一大貢獻。所謂「宮
商」就是漢語言文學的音樂性的美，劉勰在〈聲律〉中專門討論
了它，並且特別強調了它與音樂的關係，這是沈約等人未充分論
及的。劉勰把「宮商」比爲人的「聲氣」，當然是由於音律本於
人聲。但除此之外，「聲氣」之美也是魏晉人物品藻中十分注意
的問題。當時玄學論辯的高下，不但要看詞藻、思理如何，還要
看「聲氣」卽語言的發聲是否動聽優美。如《世說新語・文學》
注引鄧粲《晉紀》說：「遐（裴遐）以辯論爲業，善敍名理，辭
氣清暢，冷然若琴瑟。聞其言者，知與不知，無不嘆服。」

　劉勰把文學作品的構成的每一方面都與人相比，並非一種簡
單化的比附，而是有著長遠的歷史淵源和重要的理論意義的。據
《荀子・非相》，古代卽已有相法，到兩漢獲得了很大的發展，
王充、王符均詳細論述了相法問題。相法認爲從人的形體、容

色、言語（聲氣）、行動可以看出人的富貴貧賤、吉凶壽夭，以致操行清濁、個性才能等等。這種自古相傳的相法在魏劉邵《人物志》中被應用於政治性的人物品藻。之後政治性的人物品藻又轉化為審美性的，進而又與藝術的鑑賞、創造結合起來，使得和人體相關的各種概念，如「神」、「形」、「骨」、「聲氣」（言語）等逐漸具有了美學意義，於無形中成了應用於說明藝術美的範疇❹。劉勰將文學作品的各個構成要素與人相比擬正是這種情況下的產物。以後歷代用人及人體來比擬藝術的做法經常可見。如蘇軾、康有為都曾用人及人體來比擬書法構成的諸要素❺。

　　以上是說這種比擬發生的歷史過程。就理論上說，這種比擬之所以有其合理性，在中國美學史上長期流傳下來，成為中國美學的一個重要特色，最根本的原因是由於美在根本上是對人的生命的自由的肯定，是人的生命的自由的感性顯現。因此，在藝術的美和人的生命的美之間存在着一種內在的相互對應的關係，構成藝術美的諸要素同時也就是構成生命的美的諸要素。一件美的藝術作品看起來就像是生命的美的呈現❻。在中國，自古以來在「天人合一」觀念的影響之下，人與自然的關係和人的自然生命的問題受到了很大重視，人在宇宙中被看作是密切地依存於自然，但又高於自然的存在物。因此，從自然和人的自然生命出發

---

❹　參見《中國美學史》第 2 卷第 3 章。

❺　蘇軾說：「書必有神、氣、骨、血、肉，五者闕一，不能成書也。」（《東坡題跋》）康有為說：「書若人然，須備筋、骨、血、肉，血濃骨老，筋藏肉潔，加之姿態奇逸，可謂美矣。」（《康藝舟雙楫・碑評第十八》）

❻　關於這個問題，美國傑出的美學家蘇珊・朗格（Susanne K. Langer）曾作了重要的闡發。見她的《藝術問題》等書。

去觀察美的思想得到了很大的發展，從而將藝術的美和人及人體相比擬的做法也得到了很大的發展。這種做法的優越和深刻之處，在於它抓住了藝術美與生命的內在聯繫。但經常停留在一種素樸直觀的水平上，則是它的重大缺陷。

劉勰對文學作品的構成的諸方面的說明，是一個連續的系列。如前所說，對這個系列可以正向和逆向兩方面去加以理解和說明。這樣的一種理解和說明，本來也就包含在劉勰的思想之中。

從正向來看，「情志」──→「事義」──→「辭采」──→「宮商」這一過程，是從文學作品的創造來看的，是一由內而外的過程，亦即將文學家心中的「情志」體現出來的過程。劉勰說：「夫情動而言形，理發而文見，蓋沿隱以至顯，因內而符外者也。」（〈體性〉）這即是對上述由內而外的過程的說明。從逆向來看，「宮商」──→「辭采」──→「事義」──→「情志」這一過程，是從文學作品的欣賞來看的，是一由外而內的過程，亦即欣賞者對文學家的作品所表現的「情志」的把握過程。劉勰說：「夫綴文者情動而辭發，觀文者披文以入情，沿波討源，雖幽必顯。」（〈知音〉）這即是對上述由外而內的過程的說明。這兩個過程，一個由「幽」以至「顯」，一個由「顯」以至「幽」。而後一過程，從文學作品的構成來看，也就是西方現代美學和文學理論中所討論的作品的結構層次問題。

四　與英伽登理論的比較

英伽登在其《文學的藝術作品》一書中把文學作品的構成區

分爲四個層次：「(1)字音和建立在字音基礎上的高一級的語音構造；(2)不同等級的意義單元；(3)由多種圖式化觀相、觀相連續體和觀相系列構成的層次；(4)由再現的客體及其各種變化構成的層次。」❼英伽登的這種區分更爲簡明地說，就是：語音──→意義──→圖式──→被再現的客體。這樣一種區分，顯然受到西方現代語言學和語言分析哲學的影響，特別重視語音、意義、圖式諸問題。在結構主義與「新批評」的文學理論中更是如此。這樣一種主要是借助於語言學（其中最重要的又是索緒爾(Ferdinand de Saussure)的語言學）和語言分析哲學所進行的層次分析，其優長之處在於可以達到一種相當細密的實證的分析，但經常又流於繁瑣和有過多的科學主義氣味，而忽視了情感心理及由之產生的審美特性在文學作品構成中的重要意義。如本書第一章中已談到的，中國自古以來也很重視「言」的問題，但它強調的是語言對情感的表達的功能，而不是西方現代特別重視的「意義」問題。因此，中國自古以來就突出了語言的文學性，而經常將「言」與「文」相聯。劉勰在《文心雕龍》中明確把「夸飾」之言即文學語言同「精言」即哲學的形而上的語言以及「徵實」之言即記實語言作了區分。劉勰對文學作品的層次的看法是同他對文學和文學語言的看法分不開的。他不是如英伽登那樣把文學作品與它的意義和被再現的客體相聯，而是同主體的「情志」的美的表現相聯。因此，文學作品構成的最後一個，也是最深的層次是表現於作品中的主體的「情志」，而不是英伽登所說的被再現的客體。一切層次均爲「情志」所統領，最終是爲了「情志」

---

❼　蔣孔陽主編：《二十世紀西方美學名著選》下册第 258 頁。

的美的表現。正因爲這樣，每一層次都與審美屬性相關聯，是達到「情志」的美的表現所不可缺少的。

劉勰把文學作品的結構層次劃分爲：「宮商」──→「辭采」──→「事義」──→「情志」，和英伽登的劃分一樣，剛好也是四個層次，但兩者的區別頗大。「宮商」相當於英伽登所說以字音爲基礎的語音構造。劉勰的說法是包含了英伽登所說的這個意思的，因爲劉勰也認爲「宮商」不能脫離字音和語音。他說：「言語者，文章關鍵，神明樞機，吐納律呂，脣吻而已。」（〈聲律〉）但劉勰強調的不是語音構造問題，而是由這構造的規範化而產生的音樂性的美。與此同時，劉勰對於語音也不是如英伽登那樣，著重從語言學的觀點去觀察，從而把「意義」確立爲文學作品結構的第二層次。劉勰所說的第二層次是「辭采」，卽美的文學語言。近似於英伽登所說的「意義」這一層次，卽「事義」，劉勰把它放在「辭采」之後。而所謂「事義」又決不等同於英伽登從語言學來看的「意義」，因爲如前已指出，它包含著主體的人格精神和理性的力量在內，是構成文學的美的一個重要層次，和一般語言所具有的「意義」並不相同。英伽登列爲第三層次的「圖式化觀相」，就其作爲具有審美屬性的「圖式」而言，則是包含在劉勰所說的「辭采」之中的。劉勰在〈詮賦〉中論到「賦」的「辭采」時說：「寫物圖貌，蔚似雕畫。」在〈比興〉中，又講到「象義」、「寫物以附意」、「環譬以寄諷」。這實際也就相當於英伽登所謂「圖式化觀相」。劉勰把「情志」作爲最後一個層次，英伽登則以被再現的客體作爲最後一個層次。這仍然是西方自古希臘以來把藝術與對客體的認識相聯繫的看法的表現，而不同於中國古代以藝術爲情感的表現，把認識包

融在情感之中的看法。此外，英伽登還認爲藝術具有形而上學的性質，這是他的一個重要觀點。從這個方面看，中國古代美學很早就認爲藝術與「道」分不開，亦卽具有形而上的性質。劉勰更是高度重視這種形而上的性質。他的〈原道〉正是爲了確立文學的形而上的意義與價值而寫的。他認爲「文」是「道之文」，十分明確地肯定了「文」具有形而上的性質。但是，包括劉勰美學在內的中國古代美學對藝術的形而上學性質的理解和西方有很大的不同。玆不詳論。

　　劉勰對文學作品的層次結構的認識當然還不是自覺的，具有素樸直觀的性質，遠沒有英伽登那種細密的理論分析。但它爲我們提供了一種不同於西方現代對文學作品層次分析的看法，具有重要的理論意義。不能以爲西方現代對文學作品的層次分析就是唯一的、不可動搖的天經地義，中國古代美學也有自己的分析。而且，從現代的觀點看來，這種分析仍有其不能否認的價值，不是英伽登或其他人的分析所能代替的。

五　《易傳》的「剛健」觀念在美學上的確立

　　在本書第一章和第二章中已經指出，「剛健」是《易傳》的一個十分重要的觀念，同時也是劉勰人格精神的根本性的東西。在《易傳》中，「剛健」是「天」的最偉大的屬性，從而也是「君子」的最偉大的人格。而且，「剛健」經常與「文明」、「輝光」相聯，已含有美的意義。爲了研究的方便，現將《周易》論及「剛健」的話摘錄如下：

〈乾・文言〉：大哉乾乎！剛健中正，純粹精也。

〈乾・象辭〉：天行健，君子以自強不息。

〈需・象辭〉：險在前也，剛健而不陷，其義不困窮也。

〈同人・象辭〉：文明以健，中正而應，君子正也。唯君
子為能通天下之志。

〈大有・象辭〉：其德剛健而文明，應乎天而時行，是以
元亨。

〈無妄・象辭〉：動而健，剛中而應，大亨以正，天之命
也。

〈大畜・象辭〉：剛健篤實輝光，日新其德。剛上而尚
賢，能止健，大正也。

「剛健」是「元亨」的表現，而「元者，善之長也。亨者，嘉之
會也。」（〈乾・文言〉）「嘉」有美意，因此「剛健」作為「元
亨」的表現，意味著最高的善和最完全的美。「文明以健」或
「剛健而文明」，原意指代表「乾」亦即「剛健」的爻☰與代表
「離」亦即「明」的爻☲組合為一卦，因此有既「剛健」，又光
明、光輝之意。而「明」或「光明」在《周易》中曾多次被提到，
它與日月的普照，「道」的光大，天下的大治相聯，顯然也包含有
美意。但《周易》遠遠尚未明確地從審美的意義上解釋「剛健」
和「文明以健」。而劉勰則第一次把它和文學創作聯繫起來，並
且把「剛健」的觀念和魏晉人物品藻中已經使用的「風骨」的觀
念結合起來，使《周易》所推崇的「剛健」這一重要觀念在美學
上得到了深刻的闡明，體現為「風骨」這個在中國美學史上產生
了重要影響的美學範疇。這是劉勰在美學上的一個重大貢獻。

劉勰把「風」與「骨」比喻爲鳥的雙翼，認爲它在文學創作中有極大的重要性。「能鑒斯要，可以定文，茲術或違，無務繁采。」（〈風骨〉，下引此文者不再注明）「風骨」本是魏晉用以品藻人物的概念，如《世說新語・賞譽》注引〈晉安帝紀〉說：「羲之風骨清舉也。」至齊，沈約撰《宋書・武帝紀》中也講到桓玄說劉裕「風骨不恒，蓋人傑也。」在人物品藻中，「風」指人的氣質、風度、風采，「骨」指人的骨體，但同時也常用以指人格的剛正不阿。劉勰結合文學創作，對「風骨」作出了新的解釋，並且引入《周易》中「文明以健」和「剛健旣實，輝光乃新」的說法來稱讚文章「風骨」的高度成就。

劉勰所說的「風」有兩個不能分離的含義。第一是指情感。他說：「怊悵述情，必始乎風。」又說：「深乎風者，述情必顯。」第二是指「氣」，而「氣」是直接與「情」相聯的。「情與氣偕」，有「情」即有與之相伴隨的「氣」。反過來說，有「氣」亦即意味著有「情」。這個「氣」從曹丕〈典論〉所說「文以氣爲主」而來，它首先是指和作家天賦相關的氣質、個性，其次也指當這種氣質、個性表現於文章時所顯示出來的氣勢、力量。「骨」的含義要複雜一些。要理解它，首先要看到「骨」與劉勰所說「事義」相關。在〈風骨〉中，劉勰講到文章有「骨」或無「骨」的表現時，舉例說：「昔潘勗錫魏，思摹經典，羣才韜筆，乃其骨髓峻也。」在〈附會〉中，劉勰又明確說過：「事義爲骨髓。」可知「骨」或「骨髓」與「事義」不能分離❽。正因爲這樣，文章的有「骨」無「骨」同「事義」的表現

---

❽　據《素問・脈要精微論》：「骨者髓之府。」因此，劉勰單言「骨」，或言「骨髓」，兩者含義均同。

分不開。這是理解「骨」的含義的關鍵所在。當然，我們也知道劉勰在〈體性〉中還說過「辭爲肌膚，志實骨髓」的話，將「志」與「骨髓」相聯。但在劉勰的思想中，「志」是絕對不可能脫離「事義」的。再從《文心雕龍》全書涉及「骨」的種種論述看，劉勰將「骨」或「骨髓」與「事義」相聯的看法至爲明顯。〈體性〉中「志爲骨髓」的說法，不過是從作家才性的角度來強調作爲「事義」的「骨髓」的表現與作家主觀的氣質、個性的密切聯繫，不能看作是對「附會」中「事義爲骨髓」這一說法的否定。下面我們可以看到，劉勰所說的「骨」或「骨髓」亦卽「事義」的表現，是直接同作家的「志」相關的，它同時也是作家的「志」的表現。

　　由於「骨」是作家對「事義」的表現，所以劉勰說：「結言端直，則文骨成焉。」這裏的「端直」正是對「事義」的表現而言的。「事」要求「信而不誕」，「義」要求「貞（一作直）而不回」（見〈宗經〉），所以「結言」就必須「端直」，卽正直不隱，剛正不阿。也就是劉勰所說「植義純正」（〈雜文〉），「析理居正」（〈史傳〉），表現出一種直面事實，堅持信守儒家政治倫理原則而無所畏懼的精神。所以，劉勰又主張「植義揚辭，務在剛健」，盛讚「陳琳之檄荊州，壯有骨鯁。」「抗辭書釁，皦然露骨矣。」（〈檄移〉）在弘揚大義上，劉勰認爲應做到「義吐光芒，辭成廉鍔，則爲偉矣。」（〈封禪〉）由此可見，「骨」既是作家對「事義」的表現，同時也是作家自身崇高的人格精神的表現。而這種崇高的人格精神在劉勰看來就是《周易》所說的「剛健」精神，它是構成文章的偉美的最重要的因素。此外，「事義」的闡揚要求有精練、嚴密、有力的文辭，所以劉勰

又說：「練於骨者，析辭必精」；「若瘠義肥辭，繁雜失統，則無骨之徵也。」這也就是劉勰所讚揚的「義明而辭淨」（〈雜文〉），「辭剛而義辨」（〈檄移〉），主張「義貴圓通，辭忌枝碎」（〈論說〉），反對「繁華損枝，膏腴害骨」（〈詮賦〉），認爲「腴辭弗翦，頗累文骨」（〈議對〉）。實際上，就是要求對「事義」的表現應有一種高度清晰、精確、簡練的論證的力量。這是魏晉玄學論辯及齊梁時佛學上的論難之風對文章寫作的影響的表現。西晉葛洪在《抱朴子・辭義》中已經指出：「屬家之筆，亦各有病。其深者，則患乎譬煩言冗，申誠廣喩，欲棄而惜，不覺或煩也。其淺者，則患乎妍而無據，證援不給，皮膚鮮澤而骨鯁迴弱也。」從現在看來，劉勰所說的「骨」包含著上述兩重相互聯繫的意思：第一是指從對「事義」的表現中顯示出來的，作家在道義上、人格精神上的崇高偉大；第二是指對「事義」的闡揚所具的論證的力量。

劉勰認爲「風」與「骨」是不能分離的，他以人體作比喩，指出「辭之待骨，如體之樹骸；情之含風，猶形之包氣。」這裏，「骨」顯然是內在的東西，而「風」雖是包含在「形」中的「氣」，即人的生命、精神、情感，但又是表現於外的東西。無「骨」，人體即不能堅強地站立起來；無「風」，人體即是無生命、情感的死物。而「骨」，如上所述，是作家的人格精神和思維論辯的力量的表現，兩者雖也不能脫離情感，但顯然是主體內在的理性的力量的表現；「風」則不同，它是以「氣」爲動力的，是主體的情感向外的抒發和表現。劉勰著重強調了它與文學的感染力的重要關係。「《詩》總六義，風冠其首，斯乃化感之本源，志氣之符契也。」「意氣駿爽，則文風清焉。」不論「風」

或「骨」，劉勰認爲都須是有「力」的，他十分重視「風骨之力」。「骨髓峻」，「風力遒」，「骨勁而氣猛」，是劉勰所極爲推許讚揚的。「風」之力，即主體的情感向外表現的氣勢與力量；「骨」之力，即主體的理性內在的、凝聚的、堅毅深沉的力量。因此，所謂「風骨」也就是主體向外表現的情感的力量和內在的、凝聚的、堅強的理性的力量兩者的相互滲透和統一。沒有前者，文章將失去其「化感」的強大力量；沒有後者，情感的表現將成爲一種虛浮不實的東西，不可能產生真正強大的「化感」的力量。由此又可看出，在劉勰關於「風骨」的理論中，包含著對審美與藝術創造中情感與理性的關係的深刻認識。和西方現代美學的許多看法不同，劉勰不是用情感去排斥理性，也不用理性來排斥情感，而是要求情感應包含著內在的、深刻的理性，理性應表現爲具有強大感染力的情感。這種看法，在今天仍有值得注意的重要的理論意義。即令是現代的作品，如果它是成功的，仔細分析起來，也是有「風」有「骨」的，只不過今人對「風」（外在的情感）和「骨」（內在的理性）的具體的理解已和劉勰很不相同。相反，現代絕大多數不成功的作品，恰恰就在缺少「骨」，沒有「骨」。

劉勰的「風骨」論，還有一個「風骨」與「采」的關係問題。這裏的「采」指的就是文學語言的「辭采」，即文學語言的美。劉勰認爲，不論「風」或「骨」都要通過「辭采」而表現出來，「風骨乏采」或「采乏風骨」都是不可取的。前者如鷹隼，雖然「翰飛戾天，骨勁而氣猛」，但卻沒有美麗的羽毛文采；後者如山雉，雖然羽毛美麗，但卻「肌豐而力沈」，不能奮飛。劉勰的理想是如「鳴鳳」，「藻耀而高翔」，既有光輝美麗的羽毛，

又有強勁高舉的骨力。劉勰的這些說法，表現了他對文采之美的高度重視和我們在上面已講到的以「辭采爲肌膚」的思想。從劉勰對文學作品的構成的認識來看，他所說的「風骨」涵蓋和統一了他所說的「情志」與「事義」這兩個方面，而這兩個方面又是須以「辭采爲肌膚」的。不過，比較起來，劉勰仍認爲「風骨」是比「采」更爲重要的東西。他說：「若豐藻克贍，風骨不飛，則振采失鮮，負聲無力。」不論看來有如何美麗豐富的辭藻，沒有「風骨」總是不成功的。這是一個十分正確的看法。

中華民族歷來推崇一種積極進取、奮發向上，體現了生命的堅強偉大的力之美。這旣和中國古代哲學對自然生命的重視分不開，也同儒家所倡導的偉大的人格精神分不開。這樣一種審美理想，最初是由《周易》的「剛健」觀念集中地表現出來，而劉勰則把它具體地落實到了美學上，提出了「風骨」這一重要的美學範疇。正因爲這樣，「風骨」這一美學範疇在後世產生了極爲深遠的影響，至今仍是中華民族對於藝術的審美理想的一個極爲重要的方面，也是中國藝術的一個十分重要的特色。如何創造出新時代的，能夠體現中華民族偉大「風骨」的作品，有待於當代中國藝術家不懈的努力。

六　「神思」、「體性」與「情采」

「神思」、「體性」與「情采」，是劉勰在「風骨」之外提出的幾個有重要美學意義的概念。雖然就理論的獨創性及影響來說不及「風骨」，但仍是值得注意加以分析的。

「神思」一般被認爲相當於現在所說的藝術創造中的想像。

這大致不差，但中國古代美學對藝術想像的認識與西方近現代美學對藝術想像的看法是很不相同的。劉勰的「神思」的思想顯然來源於道家，特別是莊子。它強調了主體的想像不受時空束縛的能動性和自由性，同西方偏重於從對象的認識去講想像，或以為藝術的想像是一種純主觀的「幻覺」或「白日夢」不同。它認為想像既是充分地能動的、自由的，又是由「物」所引起的，不能脫離耳目所感知的「物」。但劉勰不像莊子那樣強調內心的直覺，提出「神思」是以「志氣統其關鍵」，「辭令管其樞機」的，明顯具有儒家的色彩。不過，劉勰又決不認為藝術的想像是可以機械地加以規定的，他強調了藝術想像難於言說的自發性、機遇性，並用《易傳》的思想「至精而後闡其妙，至變而後通其數」來加以說明。很重「情」的劉勰還突出了情感在藝術想像中的重要作用。他的「登山則情滿於山，觀海即意溢於海」的說法，簡明而精練地說出了情感在藝術想像中的重要作用。

劉勰所說的「體性」包含著作家作品的思想風格是作家內在的氣質、個性、情感的表現的意思。這種氣質、個性、情感是由作家的「才」和「學」兩個方面決定的。但劉勰更為強調的是「才」，而且他認為這「才」「肇自血氣」，是「自然之恒資」，同作家的稟賦分不開，表現了劉勰的自然主義哲學思想。在論及「學」的問題時，他顯然受到荀子重視後天的環境、習慣的思想的影響，但他又主張「因性以練才」，仍把「才」放在重要的位置。劉勰「體性」論的主要價值在於它比前人更為明確深入地論述了主體在創作中的重要作用，提出「各師成心，其異如面」的思想，並且沒有保留地肯定天才的重要性。

劉勰的「情采」論把「情」看作是文學的根本（雖然它決不

能脫離「理」），並且認爲「情」的表現必須是有「采」亦卽有美的。劉勰以文學爲「情采」卽是以文學爲情感在一種美的語言形式中的表現，和西方現代美學中以藝術爲情感的形式的說法有近似之處。在「情」與「采」兩者之中，劉勰又認爲「情」是更重要的，並且要求情感的眞實無僞，主張「爲情而造文」，反對「爲文而造情」。他說：「爲情者要約而寫眞，爲文者淫麗而煩濫。」又說：「聯辭結采，將欲明理；采濫辭詭，則心理愈翳。」「繁采寡情，味之必厭。」這看來雖然是一些很平常的道理，並且明顯受到儒家反淫麗的正統觀念的影響，但仍有其不可否認的合理性。時至今日，「繁采寡情」的作品還經常可見。以爲藝術的形式可以脫離它表現的情感而孤立存在的理論也屢見不鮮。雖然這一類理論看來很玄妙，但終究經不起藝術史的事實的檢驗。在實際上，主張此種理論的藝術家所創造的藝術形式也仍然表現著一定的情感，並非無情感的空殼。

七　鑒賞判斷

　　劉勰的《文心雕龍》包含大量有關文學史和文學的鑒賞、批評的內容，因此它也涉及了對文學的鑒賞判斷問題。這種鑒賞判斷，自魏晉以來，隨著人物品藻的發展而獲得了很大的發展，經常能以極爲簡練雋永的言辭，高度概括地說出某一文學家、藝術家作品的審美特徵。這在劉勰對歷代文學家的評論中可以找到許多很好的實例。如對嵇康、阮籍的評論：「嵇康師心以遣論，阮籍使氣以命詩」（〈才略〉），「嵇志清峻，阮旨遙深」（〈明詩〉），可謂一語中的，千載不易之定論。

　　劉勰在〈知音〉中還專門論述了文學批評問題，但與西方一
般所說的文學批評很不相同。劉勰是從「知音」出發論及文學批
評的，他說：「知音其難哉！音實難知，知實難逢，逢其知音，
千載其一乎！」這種以「知音」論文學批評的看法，不同於西方
科學式的、社會學的或印象主義的批評，它高度重視批評家不同
尋常的鑒賞的天才與識力，把批評建立在批評家卓越的鑒賞天才
與識力上，認為真能稱得上「知音」的批評家是千載難逢的。這
裏既包含著自古以來許許多多文學家因不能得到「知音」而發出
的浩嘆，同時也鮮明地表現了在中國古代傑出的批評家佔有崇高
的位置。

　　劉勰認為妨害著「知音」，使文學家不能得到「知音」的有
三種情況：「貴古賤今」、「崇己抑人」和「信偽迷真」。劉
勰雖然認為批評有賴於批評家卓越的鑒賞天才與識力，但真正的
「知音」對作品的審美判斷卻必須是客觀公正的。劉勰指出，對
於文學作品，人們會從自己的偏好出發而作出各種不同的判斷，
並且只肯定那些符合於自己的偏好的作品，而排斥與之相反的作
品。他說：「夫篇章雜沓，質文交加，知多偏好，人莫圓該。慷
慨者逆聲而擊節，醞藉者見密而高蹈，浮慧者觀綺而躍心，愛奇
者聞詭而驚聽。會己則嗟諷，異我則沮棄，各執一隅之解，欲擬
萬端之變，所謂『東向而望，不見西牆』也。」這是對人們從
自己的偏好出發各自對作品作出不同判斷的生動描繪。劉勰忽視
「偏好」在審美和批評中所起的作用是不恰當的，但他要求批評
家對各種不同的作品應取客觀的態度，「無私於輕重，不偏於憎
愛」，這是合理的。劉勰有一種我們已經論述過的「折衷」的思
想，表現在文學批評上，即是要求承認各種不同風格的，甚至風

格剛好相反的作品都有其存在的價值，均應給以應有的肯定。如劉勰在〈體性〉中提出的「典雅」、「遠奧」、「精約」、「顯附」、「繁縟」、「壯麗」、「新奇」、「輕靡」等「八體」，即文學作品的八種不同風格的美，雖然「雅與奇反，奧與顯殊，繁與約舛，壯與輕乖」，但八者都有其存在的價值，這樣才能窮盡文章的各種不同風格，使「文辭根葉，苑囿其中」。這種見解，在現在看來也仍是正確的。雖然文章的不同風格的劃分經常有很大的相對性，劉勰所說的「八體」不可能窮盡所有的風格。

怎樣才能使批評具有不為偏愛所蔽的客觀性，劉勰提出「凡操千曲而後曉聲，觀千劍而後識器，故圓照之象，務先博觀。」這也有不可忽視的道理。一個見識狹隘的批評家很難對作品作出公正客觀的判斷。此外，劉勰還提出「六觀」即「一觀位體，二觀置辭，三觀通變，四觀奇正，五觀事義，六觀宮商」作為批評的方法，但主要是一種技術性的操作法，也沒有太多新意，這裏不作詳細討論。比較起來，更為重要的是劉勰所說「披文以入情，沿波討源」。由「顯」至「幽」，以把握作者之「心」的方法。這是立足於鑒賞，探索作品深層內容的方法，也是做到能「知音」的方法。但劉勰又指出「俗鑒之迷者，深廢淺售，此莊周所以笑〈折楊〉，宋玉所以傷〈白雪〉也。」再次感嘆文章得「知音」之難。

八 《文心雕龍》全書的結構和劉勰美學理論的結構問題

劉勰美學的理論結構，是《文心雕龍》研究中常常討論到的一個重要問題。人們希望找出貫穿這部書的根本的美學思想或文

學思想，以便把它作爲一個有機的整體來加以理解。但直至目前，雖然也提出了某些有啓發的見解，而問題似乎還遠未得到解決。

我以爲問題的解決首先應注意劉勰的整個哲學思想，然後再探求他的美學思想，因爲後者是與前者不可分地聯結著的。除此之外，還應注意劉勰當時對於「文學」的理解。

我在本書第一章中已經指出，「道」與「文」的關係問題是劉勰哲學的根本問題。這個「文」包含了一般所說的文學、文章，但決不僅指文學、文章，而是指《易傳》所說的「天文」、「人文」，卽在一種極廣泛的意義上理解的文化現象。因此我曾指出，劉勰的哲學可以看作是一種由《易傳》而來的文化哲學。通過〈原道〉對這一問題的解決，劉勰確立了他的美學的兩個根本前提，第一，高度肯定了「天文」、「人文」所具有的美的價值，並且肯定了它們都是在宇宙、天地萬物（自然界）的生成變化中自然而然地產生的，卽都是「自然之道」的產物。第二，確立了劉勰對一般所說的文學、文章的起源及其實質、功能的看法。這種看法又可歸結爲以下幾點：（1）肯定了作爲有意識的人（「有心之器」）所創造的文學、文章同樣是「自然之道」的產物，並且和無意識的自然現象（「天文」）一樣具有很高的美的意義和價值。（2）肯定作爲文學、文章的「人文」之美是來源於「天文」的。（3）提出了「道沿聖以垂文，聖因文以明道」的觀點。以上三點，第一、二點奠定了劉勰對文學、文章之美及其與自然的關係的看法，連同他對「天文」之美的看法，形成了我們在本章已論述了的劉勰的自然主義的美論，並貫穿在他對於文學、文章的看法中。第三點則奠定了劉勰認爲文學、文章的創造必須「徵聖」、「宗經」的看法。因爲文章產生於「聖人」對「道」

（《易傳》所說的陰陽變化之「道」）所垂示的「文」（具有和
人事政治相關的重大意義的「天文」以及依據「天文」而製作的
卦象）的解釋，目的在於「明道」；而這種解釋顯然也就是「聖
人」所作的經典，因此文章的寫作必須「徵聖」、「宗經」。這
是劉勰對於文章、文學的一個根本性的看法。由此可見，「徵
聖」、「宗經」是劉勰從「原道」所得出的結論。但這又決不是
要排斥文章的美。因爲根據劉勰對「天文」、「人文」的自然主
義的美論，「聖人」用以「明道」的文章同樣是十分之美的。
「聖人」是用如「天文」般美麗的形式去「明道」的，這就是所
謂「光采玄聖，炳耀仁孝」，「寫天地之輝光，曉生民之耳目。」
（均見〈原道〉）

　　這樣，我們看到，「原道」、「徵聖」、「宗經」是劉勰對於文
學的看法的根本理論前提。但是，爲了貫徹「徵聖」、「宗經」
的宗旨，又必須「正緯」和「辨騷」。因爲在漢代，「緯」也被
看作由「道」所垂示之「文」，具有「經」的意義；而「騷」則
顯然又和儒家尊爲「經」的《詩》有抵觸。通過「正緯」和「辨
騷」，劉勰進一步論證了他的「徵聖」、「宗經」的宗旨的合理
性、必要性。從他看來，也就是澄清了「緯」、「騷」和「聖人」
的經典的混淆。但劉勰又並未完全否定「緯」、「騷」對於文章
的美的意義，特別是對「騷」在文章的美上所取得成就作了很高
的評價。由於「正緯」、「辨騷」是爲了「徵聖」、「宗經」，
因此我們可以說「原道」、「徵聖」、「宗經」加上「正緯」、
「辨騷」，包含了《文心雕龍》全書的根本指導思想，構成了
它的基本的理論基礎。正因爲這樣，劉勰自己也說它是「文之樞
紐」（〈序志〉）。就《文心雕龍》全書來看，這可以看作是全

書的第一部分，即基本理論部分。它已經包含了重要的美學問題
的解決，但還不是單純的美學，而主要是哲學和政治倫理學。

　　在解決了用以觀察文學的基本理論思想之後，劉勰可以著手
來討論文學本身的問題了。但是，劉勰對「文學」的理解不但與
後世的看法不同，而且與梁時蕭統（西元 501-531 年）即「昭明
太子」的看法也不同。蕭統所編集的《文選》的序清楚地說明，
他已開始從審美的觀點去看古來所說的「文章」、「文學」，把
「文章」、「文學」同經、史、子的著作區分開來了。而這在古
代，是不加區別地統稱爲「文章」、「文學」的。在蕭統看來，
與經、史、子著作不同的「文章」、「文學」，其特點是「輯綜
辭采」，「錯比文華」，「事出於沉思，義歸乎翰藻」（見〈文
選序〉）。這已十分接近於後世對純粹意義上的「文章」、「文
學」的理解。劉勰則不同， 他尙未作出這樣的區分 。 他所說的
「文章」、「文學」是把蕭統已排除在外的經、史、子著作以至
各種政治性、應用性的文章的寫作都包含在內的。和蕭統相比，
這自然顯得劉勰的看法還是頗爲保守的。但是，從另一方面看，
中國自古以來文章的寫作， 包含經、史、子著作以及各種政治
性、應用性文章的寫作都十分注意語言文辭的美。所以，劉勰說
「五經」「含文」（見〈宗經〉），從講求文學語言的美這一點來
說，無疑是正確的。劉勰仍然保持著古來對「文章」、「文學」
的廣義的看法，同時又高度重視「文章」、「文學」的美，這使
他對自古以來各種文章的美作了一次極爲廣泛深入的考察，而不
局限在一般所說「純文學」的範圍之內。這有著不可忽視的重要
意義，是劉勰的一大貢獻。因爲這樣一種考察，實際就是對中國
古代全部典籍的語言文字作了一次審美的考察，對於認識中國古

代典籍在審美上的價值，以及一般所說「純文學」的發展，都是很重要的。因爲所謂「純文學」最初也經常是帶有實用性、政治性的（這一點，劉勰在〈祝盟〉中有頗爲深刻的理解）。由於劉勰把自古以來各種典籍、文章的寫作都包含在他所說的「文學」、「文章」之內，因此劉勰要討論文章的寫作問題，首先就要研究、確定古來各種不同文章的類別及其各自具有的特點。這種研究構成了《文心雕龍》一書的第二部分，即文章的體裁論或文體論。它包含現存《文心雕龍》從〈明詩〉到〈書記〉等共二十章。此外，上述屬於第一部分的〈辨騷〉也有可屬於第二部分的內容，因爲「騷」也是一種文體。作爲《文心雕龍》的第二部分的文體論，在全書中佔有很大的篇幅。如上所述，這一部分的意義是不可忽視的。它也貫穿著劉勰的美學思想，但重點仍在對各種文體的發生、形成、演變及其特點的論述。

在旣確立了觀察文學的基本指導思想，又逐一地分析了各種文體之後，劉勰才開始了對包含一切文體在內的文章的寫作技巧的探討，也就是對劉勰所說的文章之「術」的探討。劉勰在〈總術〉中指出，文章的寫作是有「術」的，「術有恒數」，即有它的不能違背的法則。「才之能通，必資曉術。」如「棄術任心」，有時或可成功，但只是一種僥倖的巧遇，並不能保證以後還能成功。劉勰的〈總術〉很清楚地論述了研究文章之「術」的重要性。而對「術」的研究，正是構成《文心雕龍》一書的第三個重要部分。這一部分可稱之爲文術論，它包含從〈神思〉到〈程器〉共二十四章。劉勰的美學思想主要是表現在他的文術論之中。

綜上所述，我們可以把《文心雕龍》全書的結構概括爲以下

三個部分：

第一部分：全書總論，包含〈原道〉、〈徵聖〉、〈宗經〉、〈正緯〉、〈辨騷〉。

第二部分：文體論，包含〈明詩〉、〈樂府〉、〈詮賦〉、〈頌讚〉、〈祝盟〉、〈銘箴〉、〈誄碑〉、〈哀弔〉、〈雜文〉、〈諧讔〉、〈史傳〉、〈諸子〉、〈論說〉、〈詔策〉、〈檄移〉、〈封禪〉、〈章表〉、〈奏啟〉、〈議對〉、〈書記〉。

第三部分：文術論，包含〈神思〉、〈體性〉、〈風骨〉、〈通變〉、〈定勢〉、〈情采〉、〈鎔裁〉、〈聲律〉、〈章句〉、〈麗辭〉、〈比興〉、〈夸飾〉、〈事類〉、〈練字〉、〈隱秀〉、〈指瑕〉、〈養氣〉、〈附會〉、〈總術〉、〈時序〉、〈物色〉、〈才略〉、〈知音〉、〈程器〉。

這三個部分，從總論到文體論再到文術論，如上所說，是互相聯繫的。對這三個部分不應孤立地去研究，而應當把它們統一起來研究。下面，我們將側重從文術論探討一下劉勰美學的理論結構。

通觀劉勰的文術論，其中最爲概括地說出了劉勰的根本思想的是〈鎔裁〉中的這幾句話：「情理設位，文采行乎其中。剛柔以立本，變通以趨時。」前面我們已經指出，這是劉勰藝術哲學的模式，它基本上概括了劉勰關於文學創造的根本觀點，以及這些觀點之間的內在聯繫。這裏，從把握劉勰美學的理論結構來看，需要對這個模式作一些更具體的分析。通過這種分析，我們就能把劉勰美學的幾個基本方面及其相互聯繫揭示出來，比較全面地把握劉勰整個美學思想的結構。

　　首先，要看到劉勰高度重視文章辭采的美，而這種美的產生是同他所說「情理定位」分不開的。因此，對「情理定位」的具體分析是了解劉勰對文學美創造的看法的根本關鍵。這裏，重要的是前已引述過的〈情采〉中的這段話：「夫鉛黛所以飾容，而盼倩生於淑姿；文采所以飾言，而辨麗本於情性。故情者，文之經，辭者，理之緯；經正而後緯成，理定而後辭暢，此立文之本源也。」

　　在這段話裏，劉勰很清楚地說他所講的是「立文之本源」，也就是他所講的文術論的本源。但不少研究者都忽視了這一點，因而不能掌握劉勰文術論中的美學思想的根本，常常陷入並不符合劉勰思想的種種猜測之中，頂多只能抓住他的思想的某一側面，而不能對他的全部思想作一種綜合的、有機的理解。從這段話可以看出，劉勰所說「情理定位」，就在以「情」為「文之經」，「理」為「辭之緯」，「經正而後緯成，理定而後辭暢」，這樣才會有成功的文辭，使「文采行乎其中」，即行於情理之中。「文」所要表達的「情」只有通過「辭」才能表達。「萬趣會文，不離辭情。」（〈鎔裁〉）然而「文」所要表達之「情」，是符合儒家正道之「情」，不是「任情失正」（〈史傳〉）之「情」。因此，「辭」必須符合於「理」。這就是說，「辭」既是作為「文之經」的「情」的表達，同時又是「理」的「緯」。而表達「情」的「辭」要成為「理之緯」，關鍵又在作為「文之經」的「情」必須是「正」的，即符合儒家正道的。經正緯成，理定辭暢，經緯交錯，情理相合，於是成文。可以下圖示之：

這裏，緯線上由「理」指向「辭」的箭頭表示理定辭暢；經線上由「情」指向「辭」的箭頭表示經正緯成。「辭」處於經線、緯線交叉點上，同時受到來自「情」與「理」的作用。它旣是表達「情」的，又是符合「理」的，反過來說也是一樣。總之，它始終是行乎情理之中，而不在情理之外。

　　劉勰的這種思想，我們已指出過是對中國古代美學所主張的情理交融的思想的闡明。但是，在劉勰看來，「情」雖然決不能脫離「理」，更重要的卻又是「情」。所以，劉勰認爲「情」是「經」，而「理」是「緯」。在〈鎔裁〉中，劉勰更爲淸楚而明白地給了「情」以重要的地位，並且把和他的整個文術論相關的美學思想的幾個基本方面說出來了。劉勰說：「凡思緒初發，辭采苦雜，心非權衡，勢必輕重。是以草創鴻筆，先標三準：履端於始，則設情以位體；舉正於中，則酌事以取類；歸餘於終，則撮辭以舉要。」這個「三準」說自然是劉所講的文術的一個重要法門，但其意義又不止於此。它實際上最爲簡明地指出了劉勰文術論的美學思想的根本和理論結構。

　　首先，重要的是「設情以位體」。這個「體」不同於劉勰在〈定勢〉中所說「因情以立體」之「體」，即不是指文章的體裁，而是指作爲文章的根本內容，和文章的「綱領」是否「昭暢」相關的本體。所以劉勰說「立本有體」，又說「規範本體謂

之鎔，剪截浮詞謂之裁。」〈鎔裁〉所要解決的問題是如何去掉重出的、多餘的浮詞，使文章的根本內容明晰暢達地顯示出來，並具有「首尾圓合」的「條貫統序」，而避免叢雜枝蔓。所以，這裏的「設情以位體」的「體」不能解釋爲文章的體裁。劉勰這一說法的極大重要性，在於它既是對劉勰在〈鎔裁〉開頭提出的「情理設位」的進一步的具體說明，同時又十分明確地肯定了「情」是文章的「本體」。「本體」這個詞，雖然不能簡單地比附爲一般哲學上講的「本體」，而是以樹木爲喻，指和叢雜的枝葉不同的樹木的本幹、本體。但相對於外在的、雜多的、非根本的現象而言，它也素樸直觀地含有哲學上所說「本體」的意味。劉勰說「設情以位體」，表明他認爲「情理定位」之「定位」，首先是設定「情」以爲文章之「本體」。這和他在〈情采〉中以「情」爲「文之經」，認爲「經正而後緯成」的看法顯然是一致的。也和《文心雕龍》全書處處強調「情」的根本的重要性，認爲「情」先於「辭」，文章是「辭」對「情」的表現的看法相一致。然而，如〈情采〉中所說，「情」是要通過合乎「理」的「辭」表現出來的，所以劉勰在講了「設情以位體」之後，接著又說「酌事以取類」。這個「酌事以取類」直接關係到「理」，就是要使作爲「本體」的「情」的表達符合於「理」。劉勰在〈事類〉中說：「明理引乎成辭，徵義舉乎人事，迺聖賢之鴻謨，經籍之通矩也。」這是對「酌事以取類」的清楚說明。在「酌事以取類」之後，劉勰又講到「撮辭以舉要」，這也就是〈情采〉中所說「辭者，理之緯」，「理定而後辭暢」的意思。雖然，劉勰是從文章的「鎔裁」的角度來講的，所以特別強調了「舉要」，但「撮辭」的問題當然不僅是「舉要」而已，還包含

文采的美的講求，即劉勰所說「舒華布實」，雕琢「美材」。這樣，所謂「三準」，即「設情以位體」、「酌事以取類」、「撮辭以舉要」，也就是對劉勰所說「情理設位，文采行乎其中」的具體說明，包含了「設情」、「酌事」、「撮辭」三個相互聯繫的方面。這也正是劉勰文術論的三個基本方面。如果我們再把它和劉勰在〈宗經〉提出的「六義」加以對照，就更能清楚地看出這一點。

劉勰在〈宗經〉中指出：「文能宗經，體有六義。」由於「宗經」在劉勰思想中佔有重要地位，因此他由「宗經」而提出的「文」的「六義」也具有貫穿全書，特別是文術論的重要意義。而其中「一則清深而不詭，二則風清而不雜」，即是「設情」的問題；「三則事信而不誕，四則義貞而不回」，即是「酌事」的問題；「五則體約而不蕪，六則文麗而不淫」，即是「撮辭」的問題。劉勰所謂「三準」與「六義」是相互對應的。

通觀《文心雕龍》全書屬於文術論的各篇，均可基本上按劉勰所說「情理設位，文采行乎其中。剛柔以立本，變通以趨時」這一模式加以歸類。其中「情理設位，文采行乎其中」即包含分別和以上所說「設情」、「酌事」、「撮辭」三個方面相關的篇章。「剛柔以立本」包含那些著重講了剛柔問題的篇章。這些篇章用剛柔的觀念來說明作家的不同的才性和作品的不同的美。「變通以趨時」包括那些著重討論文章的變化及其與「時」的關係的篇章。但由於不少篇章所論及的內容並不是單一的，而同時涉及了幾個方面，因此在歸類上可以重出，即分屬不同的類。例如〈風骨〉章即同時涉及了「設情」、「酌事」、「撮辭」、「剛柔」等方面。據上述看法，《文心雕龍》第三部分文術論各

章可以圖示之如下：

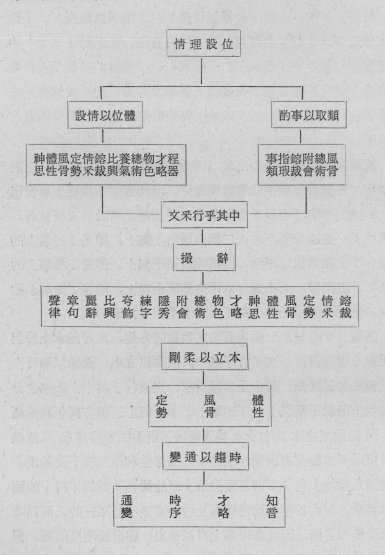

　　在分析了劉勰文術論中的美學思想之後，我們看到《文心雕龍》全書的美學思想可以區分為三個相互聯繫的層次。第一個層次是我們在前面已經講過的自然主義的美論，這是劉勰美學思想的根本基礎，直接和他的自然主義哲學相聯。第二個層次也是我們在前面已講過的，由《易傳》的宇宙論而來的藝術哲學的模式，它是劉勰對文學創造的看法的哲學概括。第三個層次是劉勰在整個文術論中對上述藝術哲學模式的具體展開，它包含以上所說「設情」、「酌事」、「撮辭」，以及「剛柔」、「通變」等等方面。應當說，在中國古代的條件下，劉勰美學思想的理論結構是相當嚴密而完整的。

　　我們在上面已經討論過的劉勰美學思想的諸問題，如文學作品的結構層次問題、「風骨」問題、作品的鑒賞問題、「神思」、「體性」與「情采」問題，均可納入劉勰美學思想的理論結構之中。如文學作品的四個層次結構，即「情志」、「事義」、「辭采」、「宮商」，實際也就是「設情」、「酌事」、「撮辭」三者的統一的表現。「情志」與「設情」相關，「事義」與「酌事」相聯，「辭采」、「宮商」則顯然就是「撮辭」的問題。「風骨」問題在《文心雕龍》一書中佔有十分特殊而重要的地位。劉勰所說「風骨」與「采」的統一，實際也就是「設情」、「酌事」、「撮辭」三者的完美統一，同時也是〈宗經〉中提出的「六義」的完美體現。所以，「風骨」與「采」的統一，是劉勰在文學創造上所提出的最高理想。「神思」、「體性」、「情采」問題是對「設情以位體」的深刻闡明，同時也包含了「撮辭」方面的問題。作品的鑒賞判斷，亦即「知音」問題，既和劉勰所說「通變」問題密切相關，同時他提出的「六觀」標準，實際也就是對

「設情」、「酌事」、「撮辭」的要求在鑒賞問題上的表現。

九　劉勰美學的現代意義

關於這個問題，在前面不少地方已經涉及。現在再較爲集中地考察一下，並對前面未能詳論的某些問題作若干補充。

美與自然的關係和藝術（包括文學）與情感的關係，是劉勰美學中的兩大問題。在前一問題上，劉勰主張美（包括藝術的美）是在宇宙萬物（自然界）的生成變化中產生的，並且具有非人爲的、自然而然的特徵。這種看法，雖然不能說始自劉勰，但從來沒有任何人說得像他這樣地集中、明確，也從來沒有任何人像他這樣明確而熱烈地肯定自然所具有的美，並加以十分成功的描繪和歌頌。毫無疑問，劉勰是中國古代自然主義美學的最傑出的代表人物。

劉勰極爲明確地肯定美是自然的產物，這一看法的重要意義在於指出了美的產生不能脫離自然。如前已指出，不論美有著怎樣的特點，由於美之爲美總是相對於人而言的，而人的存在一刻也不能脫離自然，因此美的產生也不能脫離自然。離開了自然，就沒有人的存在，從而也不可能有美的存在。但這又不是說，美是在與人根本無關的情況下，由自然本身所產生出來的一種萬古不變的自然屬性。這是一些所謂「唯物論者」的幻想，他們甚至聲稱在人類還沒有出現的情況下，自然界已經產生了美。總之，他們竭力要把自然界的美和人的存在分離開來，認爲自然界的美是由自然界本身所決定的，與人沒有任何關係。這雖然也可稱之爲一種自然主義的美學，但卻是西方十七、十八世紀的一種機械

唯物論的美學，還有個別自稱爲「馬克思主義」的美學也主張這
樣一種看法。中國古代的自然主義美學雖然主張美產生於自然，
但決不認爲自然的美是與人無關的 。 這一點下面再談 。 在事實
上，美既非與人無關的自然界本身的產物，也非主體的意識加給
自然界的東西。它是在人類漫長的實踐過程中，人的生存和自然
界之間所發生的現實聯繫的產物。在這裏，杜威所說立足於人與
自然的交互作用的「經驗自然主義」，無疑有很值得注意的合理
的東西。但是，要認識在人類漫長的實踐過程中，人的生存和自
然所發生的聯繫，以及從這種聯繫中如何產生了美，僅靠哲學的
思辨是不行的，還必須努力將自然科學引入美學，通過自然科學
去對人與自然的關係進行實證的研究。這樣一種研究，將使美學
脫出單純的哲理思辨，而獲得豐富具體的內容，並把當代自然主
義的美學眞正建立在科學的基礎之上。但是，長期以來，除了研
究審美心理學的美學家還多少注意到自然科學之外，美學與自然
科學始終處於一種疏遠狀態。如果說現代的哲學已越來越注意到
自然科學，那末美學則仍然對自然科學採取冷淡的態度。這種狀
況亟需加以改變。事實上，在自然科學中，特別是在那些研究人
的生命的存在和發展的自然科學中，已經積累了等待著美學家去
加以利用的大量材料。這些材料，大大有助於美學家實證地說明
美與自然之間所存在的眞實的聯繫。

　　劉勰認爲美產生於自然，但自然何以會產生出美，劉勰沒有
專門加以分析論證 。 他只是將美的產生歸之於「道」或自然的
「神理之數」。儘管這看起來是很不充分的，但其中又包含著不
可忽視的思想。「道」或「神理之數」之所以會產出美，是因爲
這個「道」既同天地萬物（自然界）合規律而合目的的微妙變化

相關，同時又通過這種微妙變化而顯示出和人事政治倫理道德相關的種種重大的意義。這也就是我們已經指出過的，在由《易傳》而來的，劉勰關於「道」的思想中，「自然之道」與社會政治倫理之「道」是合一而不可分的。正因爲「自然之道」的變化和生成萬物同時又具有和社會政治倫理相關的重要意義，因此天地萬物及其生成變化也就不是一種和人無關的自然現象，而能訴之於人的倫理道德情感，以它的生動微妙的形態引起人的審美的喜悅。所以，劉勰雖然認爲美是自然所產生的，但他決沒有認爲美是一種同人類的生存無關的自然現象。相反，他是處處聯繫著人去了解自然的美的。劉勰說：「道沿聖以垂文，聖因文以明道。」（〈原道〉）這「文」就包含了自然現象的美在內，但又決不是一種單純的自然現象，而同時是和人事政治倫理道德相關的重大意義的顯示。從自然去說明美的產生，但又不把美看作是和人類的生存無關的純自然現象，這就是中國古代自然主義美學的卓越之處。

從以上可以看出，中國古代自然主義美學之所以認爲自然對人具有美的意義，一方面同對自然變化的微妙性的讚美分不開，另一方面又同自然被認爲具有和社會政治倫理道德相關的意義分不開，而且後者還是更爲根本和重要的方面。和西方自古希臘以來對自然的看法相比，中國古代的自然主義美學十分強調自然與人的倫理道德情感的關係。這是它的一大特點。相反，西方則強調自然與科學認識、實用功利、生活享受的關係。有時自然也被賦予一種崇高偉大的意義，但又是同對創造了自然的上帝的偉大的讚頌結合在一起的。例如，古希臘的畢達哥拉斯(Pythagoras)從宇宙中發現了「和諧」，把它視爲美，並把「和諧」歸結爲

「數」，這顯然是同人對自然的科學認識聯繫在一起的，是對大自然的變化的合規律性的讚美。中國古代美學也講「和」，《周易》也十分強調「數」，但卻始終是同政治倫理道德結合在一起的。對於《周易》，「數」固然也顯示了「天下至動而不可亂」，也可說顯示了宇宙的和諧，但更為重要的卻是顯示社會政治倫理道德和人事的吉凶禍福、國家的興衰，等等。歐洲中世紀對自然的讚美同對創造自然的上帝的偉大的讚美分不開，而在中國，則始終未形成造物主的觀念。對自然的讚美，是由於自然具有仁義道德的屬性，幷長養萬物以供給人。這是儒家的基本觀念。同時，自然雖受到讚美，但人又被看作是遠高於自然萬物的，是「天地之心」。在這裏，自然決不是一種外在於人，凌駕於人之上的東西。西方中世紀過去之後，反神學的人文主義的興起改變了人們對自然的觀念。這時，把自然看作是科學認識、實用功利、生活享受對象的思想大大地發展起來。當然，中國古代也認為自然的美能給人以享受、怡悅，如劉勰所描繪的「泉石激韻」的美就是這樣。但這種享受、怡悅又仍然是和人的道德精神的修養分不開的，決非單純的感官享樂。

人對自然的關係，大致可劃分為宗教哲學的、科學認識的、實用功利的、倫理道德的、審美藝術的五種。這五種關係雖有區別，但又經常是互相交錯的。在中國儒家思想中，突出地發展了對於自然的一種倫理道德感情，即把自然看作是具有某種倫理道德意義的。同時，這種倫理道德感情，又經常與對自然的哲學把握和審美觀照密切結合在一起。這一點在《易傳》中表現得最為鮮明。而祖述《易傳》的劉勰的〈原道〉對自然的描繪，也顯然兼具倫理道德的、哲學的、審美的三層意義。其中，劉勰又極大

地強調了審美的意義。如前已指出，這劉勰的重大貢獻。因爲儒家往往重善輕美，把美變爲倫理道德的附庸。劉勰沒有，也不可能否認美與倫理道德的關係，但他特別重視的卻是美的價值。

中國儒家從倫理、哲學、審美三層意義的統一去看自然，這在今天也仍然十分值得注意。因爲西方的思想往往把自然看作是外在的科學認識對象、實用功利對象，或給人以享受的對象，而很少能從倫理的、哲學的高度去看自然，也很少能將對自然的審美觀照同倫理、哲學相結合。其結果是大爲降低了自然對於人在精神上所具有的豐富深刻的意義，而使之成爲一種單純的認識對象，或感官享樂的對象。當然，西方還常將自然與上帝相聯，看作是隱含著某種來自上帝的神秘意義的對象。前者對自然的感知常常是較爲膚淺、外在的（例如印象派的某些風景畫），後者雖能給人以某種深邃的崇高感，但往往又使自然成爲凌駕於人之上的存在物。在科學技術的高度發展反而導致了人與自然在精神上、情感上日益疏遠的今天，劉勰美學中那種熱烈讚頌自然的美，同時又賦予它以一種超越感官享樂的倫理、哲學意義的思想，是有着可供思索、借鑒的價值的。當然，中國哲學歷來輕視對自然的科學認識，以及儒家常常**牽**強地把自然加以倫理化，忽視自然與個體生命的感性欲求的滿足的關係等等，這又是我們應當批判地加以剔除的。

劉勰美學的又一個根本觀點，是主張文學起於人的情感的表現。他把文學稱之爲「情文」，認爲「五情（疑應作性）發而爲文章」（〈情采〉），再也清楚不過地說明了這一點。雖然，這種看法也非始於劉勰，但從來沒有任何人像他這樣在理論上作了如此明確的說明和論證。他寫的〈情采〉篇既吸收了前人的思想，

同時又是他的獨立的理論貢獻。此外，劉勰在〈宗經〉中提出的「六義」說，第一義就是「情深而不詭」，把「情」擺在首要的地位。前面我們已作了不少分析的〈鎔裁〉篇，也包含有對於「情」的重要說明。

　　劉勰和儒家一樣，認爲「情」是源於「性」的，所以他說：「情文，五性是也。」（〈情采〉）「五性」卽仁義禮智信。劉勰依據漢代以來《白虎通義》、王充《論衡》、劉邵《人物志》中已有的看法，認爲人的「五性」來自人所禀的「五才」（金木水火土），所以他說人是「禀性五才」的（〈序志〉），又說「人爲五行之秀。」（〈原道〉）人禀「五才」所以有「五性」，有「五性」卽有「情」，而文章卽是人天然禀有的，與「五性」相聯的「情」的自內而外的表現的產物。劉勰用人禀「五才」說明「五性」的來源，這顯然同他所堅持的自然主義哲學分不開。但劉勰始終是立足於「情」來講文學的創造的，他並不認爲文學是人對自然的「摹仿」，儘管他也充分承認「情」的發生同人對外物的感受有關。如前已指出，這是一個重要的觀點。因爲它抓住了文學與外部世界相聯繫的最本質的中介卽作爲主體的人的情感，而超越了「摹仿」論或「反映」論 ❾。

　　更爲值得注意的是，劉勰在〈鎔裁〉中所說「設情以位體」，已經隱約地包含了以「情」爲文學的本體的意思，而且他也用了「本體」這個詞（「規範本體謂之鎔」），還講到了「立本有體」。如前已指出，不能簡單地把劉勰所說的「本體」等同於哲

---

❾　我在拙著《藝術哲學》中曾從反映論來講藝術。我現在並不認爲我的講法全都不對，但就以「反映」這一概念統領全書而言，確實又仍然存在着相當簡單化的毛病。我想將來再詳論這一問題。

學上所說的「本體」。但從劉勰《文心雕龍》全書很爲重視魏晉玄學所強調的「本末」問題，以及他始終把「情」看作是文學創造的根本等方面來看，劉勰雖未在純粹哲學的意義上明確指出情感是文學的本體，但他的實際的意思，如以哲學的語言加以表達，也正是以情感爲文學的本體，可以稱之爲情感本體論。這是劉勰美學中一個很爲重要的，可以通向現代的思想。

劉勰的情感本體論和他以同倫理之「道」相合一的「自然之道」作爲「文」（包括「天文」、「人文」，自然也包括作爲文章的「文」）的本體並不是互不相關的，或不能統一的。相反，由於「自然之道」本身就包含著社會政治倫理之「道」，因此這個「自然之道」的表現本身就具有倫理道德的意義，從而能訴之於人們的情感。「自然之道」的表現本身就具有情感意義，但劉勰又只以「自然之道」作爲他的整個美學的哲學前提，而未直接以「自然之道」解釋具體的文學作品的內在本質。在劉勰看來，這個內在本質是源於「自然之道」的情感。這樣，劉勰就找到了從「自然之道」到文學作品的創造的最重要的中介，即情感。同時，他既把情感的產生放置在「自然之道」的基礎之上，因此他又爲情感作了一種自然主義的哲學論證，把文學問題的解決提高到了哲學的水平。我們可以說，在劉勰的思想裏，「自然之道」是一切「文」的本體，而當這一本體具現於文學時，它即顯示爲主體的情感本體，而不是單純自然的本體了。雖然這一情感本體仍以「自然之道」爲其本原、基礎，但又已是一種存在於個別主體心中的本體，並且是精神性的東西。

劉勰認爲「情文」根源於「五性」，但必須注意到劉勰並不把文學看作儒家所說仁義禮智信五種道德觀念的圖解。從《文心

雕龍》全書有關「情性」這一概念的論述來看，劉勰所說的「情
性」是把主體的個性、氣質、偏好也包含在內的。這在〈體性〉
篇中表現得很清楚。所以，在劉勰那裏，「五性」只是「情」不
應違背的根基，「情」不能脫離「五性」，但「情」所涉及的範
圍比「五性」要廣泛得多。而且，劉勰認為「情」的表現必須有
美麗的「采」，這和某些儒家之徒忽視文學的美的價值，以文學
為道德說教的工具根本不同。

　　「情」既不能脫離「性」，因此也不能脫離「理」，即儒家
仁義道德之「理」。所以，劉勰既以情感為文學的本體，同時又
反對「任情失正」（〈史傳〉），要求「情」須符合於「理」。
如前已指出，劉勰的「情理定位，文采行乎其中」的說法肯定了
「情」與「理」是文學創造的兩大基元，正如「天」與「地」是
萬物產生的兩大基元一樣。劉勰一方面說「設情以位體」（〈鎔
裁〉），另一方面又說「設模以位理」（〈情采〉）。總之，
「情」與「理」都應「定位」，放在它們應在的位置上。但如上
所說，劉勰又認為「情」是更根本的東西。「任情失正」，固然
會導致「文其殆哉」的後果，但如沒有「情」，那就根本不會有
「文」。而且，劉勰所說的「理」是同「事義」相聯的。他所強
調的是符合於事實和具有一種剛正不阿的人格精神，而非對儒家
倫理道德概念的圖解說教。

　　劉勰強調「情」而又不脫離「理」，這在現代同樣是值得注
意的。雖然劉勰所說之「理」具有明顯的儒家觀念，從而也具
有束縛、壓制人的個性發展的消極有害的作用，但他所強調的
那種道德上的崇高精神，以及認為在文學創造中「情」不應脫離
「理」，仍然有其明顯的合理性。儘管在西方現代美學中，否認

理性在藝術創造中的作用的理論十分流行，這種理論對認識藝術
創造的特徵確也有其不應否認的貢獻，但藝術終究不可能是一種
完全非理性、反理性的情感發洩。即使是哪些以藝術爲非理性、
反理性的情感發洩的作品，如果它們眞有某種値得肯定的價值，
也還是因爲其中包含有某種較爲深刻的理性內容，例如對人生痛
苦的某種較爲深刻的體驗。完全沒有任何理性內容的藝術作品，
只能是一種純生物性的衝動的表現。我們雖然不能像儒家那樣狹
隘地要求藝術須爲「敎化」服務（這是劉勰也談到了的，但不是
他的思想的主要方面），並以是否合乎道德爲唯一的標準去衡量
藝術的價值，但又不能說藝術就應當是非道德、反道德的。爲了
人類的進步發展，藝術在今天也仍然負有提高人類道德水平的崇
高任務。但我們所說的道德，當然是現代社會應有的道德。

　　從現代的觀點來分析劉勰的美學，使之對現代的美學和文藝
的發展起到某種作用，我認爲是長期以來《文心雕龍》研究中一
個十分薄弱的環節。限於筆者的學力，以上所說都是很粗淺的。
但我甚望有識者能衝破年深月久的保守陳舊的研究方法的阻力，
在這方面取得長足的進展。

十　劉勰美學的內在矛盾

　　劉勰的美學存在著明顯的、巨大的矛盾。一方面，他高度重
視文章的美，並且認爲「古來文章，以雕縟成體」（〈序志〉），
要求文章應有一種「縟采」卽繁富、輝煌、綺麗的美（見〈情
采〉），讚賞楚騷「驚采絕艷，難與並能」（〈辨騷〉），還主
張「連珠七辭，則從事於巧艷」（〈定勢〉），明確反對有「質」

而無「文」（見〈情采〉），「愛典而惡華」（〈定勢〉），甚至搬出被認為是否定美的老子來，宣稱「老子疾偽，故稱『美言不信』；而五千精妙，則非棄美矣。」（〈情采〉）另一方面，劉勰又倡導「徵聖」、「宗經」，認為文章的寫作必須以儒家經典為宗，美不能違背儒家正道，明確反對儒家歷來所深惡的、被認為是淫麗的「鄭音」，主張「雅鄭」不能「共篇」（〈定勢〉）。在劉勰看來，他所竭力主張的文章的「雕縟成體」的美，以至「巧艷」的美，是完全能與儒家的經典和儒家的正道相統一的。實際上，儒家雖然也反對有「質」無「文」，主張「文質彬彬」，並不排斥、否定文章的美，但在儒家的思想中，「文」對於「質」始終處在從屬的、次要的地位。有「文」固然是好的，但只要有「質」，即使「文」不足，甚至沒有「文」，也只不過是一種有待彌補的缺憾而已。相反，離開「質」去追求「文」，一味醉心於「文」，那就背離了儒家正道，是不能容許的嚴重過錯。所以，儒家對於「文」亦即美的追求是有限度的，它始終要把美控制在從屬於儒家倫理道德的範圍之內，或使之與儒家倫理道德理想的實現合而為一（這在宋明理學中表現得最為清楚），而決不允許美取得獨立於儒家倫理道德的地位。事實上，自先秦以來，儒家美學不過是儒家倫理學的一種引伸，是完全從屬於儒家倫理學的。在審美的要求上，儒家也一貫排斥劉勰所說的「縟采」的美，特別是艷麗、綺麗、巧艷之類的美，認為它有害於人心，不利於儒家正道的實現。而劉勰卻認為他所說的「縟采」之美完全能與儒家的正道相統一，這是一種由特定的歷史原因所造成的錯覺（詳下）。

劉勰美學的內在矛盾還表現在他竭力鼓吹「通變」，認為

「文辭氣力，通變則久，」「通變無方，數必酌於新聲；故能騁無窮之路，飲不竭之源。」（〈通變〉）主張「日新其采」，超越前人（見〈封禪〉）。很明顯，劉勰認爲文章的美是永遠沒有窮盡地變化著的，後人可以而且應當有新變，創造出不同於前人的新的美。這是劉勰「通變」論的重要價值所在。但與此同時，劉勰又認爲創新必須「宗經」，主張「練青濯絳，必歸藍蒨，矯訛翻淺，還宗經誥。」反對「競今疎古」（〈通變〉）。因此，有的論者認爲劉勰是通過新變去達到復古。實際上，劉勰並不是要復古，而只是說新變不能脫離古，亦即他所說「望今制奇，參古定法。」（〈通變〉）文章要新、要奇，但又不能脫離儒家經典去創新，這就是劉勰眞實的思想。而這種思想，顯然包含著難於克服的矛盾。劉勰認爲兩者完全可以統一，同樣是由歷史的原因所造成的錯覺。

　　總括起來說，劉勰美學的內在矛盾即是他所醉心的「情采」和他所熱烈鼓吹的「通變」同他所提倡的「徵聖」、「宗經」之間的矛盾。劉勰認爲兩者之間並無矛盾，並且處處要求要把兩者統一起來，這是由下述原因所決定的。在齊梁時期，儒學的影響較過去有明顯增長，史書記載齊梁兩代的君主差不多都發出了推尊儒家的詔令，並且也採取了不少措施[10]。但與此同時，這時的文章又日趨於艷麗，並且得到了統治者如蕭綱等人的熱烈肯定和大力提倡。劉勰也受到當時風尙的影響，他對於這時的文章重視辭藻的美麗，力求新變是持肯定態度的。但他站在儒家的立場

---

[10]　如梁武帝於天監八年五月下《敍錄寒儒詔》，其中說：「朕思闡治綱，每敦儒術。」「其有能通一經始末無倦者，策實之後，選官可量加收錄。雖復牛監羊肆，寒品後門，並隨才試吏，無有遺隔。」

上，又深感當時文章的內容淺薄，徒有華麗的辭藻，因此提出
「徵聖」、「宗經」，企圖達到他所說的「矯訛翻淺」的目的（見
〈通變〉）與此同時，劉勰這種主張的提出，當然也是希望其時
旣已表示推尊儒家，又在提倡艷麗文風的統治者能把儒家思想同
對文章的艷麗之美的追求統一起來。但這實際上不過是剛三十多
歲，地位低下的「寒儒」劉勰的天眞幻想。其時大力提倡艷麗文
風的人，以後來的蕭綱爲代表，是反對「宗經」的。文章的寫
作對他們來說只是一種愛好、消遣，目的只在得到一種精神的怡
娛，因此被高度重視的是「篇什之美」，而不是文章對宣揚儒家
正道的作用（見蕭綱：《與湘東王書》）相反，以裴子野爲代表的
一派則痛心疾首地反對當時艷麗的文風，否定文章的美的價值，
以文章爲有害的雕蟲小技（見裴子野：《雕蟲論》）。這兩派的
對立，本質上是我們前述儒家美學中包含的美與善（儒家倫理道
德）的矛盾，美不可能脫離善而獲得獨立地位的表現。統治者經
常是運動於這兩極之中：當他們醉心於美、追求美時，他們往往
就脫離了善，墮入空虛淺薄的，甚至是淫蕩的境地；相反，當他
們強調善的重要性時，他們又走向了對美的否定甚或敵視。這種
矛盾是歷史本身所造成的矛盾，當然不是劉勰所能解決的。

　　劉勰企圖解決他所不能解決的矛盾，結果就使他的《文心雕
龍》陷入他在〈定勢〉中所說「兩難得而俱售」的處境。從蕭綱
一派來說，劉勰高度重視文章的美和主張新變是能得到贊同的，
但他的「宗經」理論卻是根本不能接受的。從裴子野一派來說，
劉勰的「徵聖」、「宗經」的理論會得到贊同，但他高度重視、
肯定文章的美的價值卻絕對不能同意。這樣，在梁代文壇上對立
著的這兩大派都不可能對劉勰的《文心雕龍》作出完全讚許的、

肯定的評價。 史稱劉勰的《文心雕龍》寫成後，「未爲時流所
稱」， 原因大約就在於此。 沈約肯定了此書， 是因爲沈約和上
述對立的兩大派別相比，探取了一種中間的立場，而且也由於劉
勰的思想與沈約的思想有不少近似之處❶。但雖經沈約的論定，
此書在梁代也並未產生明顯可見的重要影響，在陳、隋亦然。到
了隋末唐初，梁、陳艷麗的文風開始遭到清算，而《文心雕龍》
對文章的艷麗是取肯定態度的，因此不可能被重視。但他的「風
骨」論，由於具有唐代統治者所提倡的剛健進取的精神，因而發
生了很大影響。但倡「風骨」論的陳子昂沒有一語提到劉勰。這
不僅是因爲劉勰地位低下，還因爲劉勰整個的美學思想傾向同他
的「風骨」論之間有難於統一的矛盾。 從種種迹象可以想見，
《文心雕龍》一書在唐代是被不少人重視、閱讀了的，但仍未發
生顯著影響。到了宋、元，情況也基本相同。《文心雕龍》受到
明顯重視是在明清。 但這又是因爲明清古文、八股文的寫作興
起，而《文心雕龍》正好也是一本詳論文章作法的書。當時的人
是從文章作法這一角度去看《文心雕龍》的，所以也很少有人能
認識它的眞正的價值。對《文心雕龍》的前所未見的高度重視和
對它的內容的多方面的深入研究，是從二十世紀初年開始的。這
又是由於西方思想的輸入中國，新文學的興起，上述那種使《文
心雕龍》「兩難得而俱售」的原因根本不成其爲問題了。文學的
美的價值第一次取得了獨立的地位，西方的文藝理論、美學思想
又爲《文心雕龍》的研究提供了理論和方法的依據，於是人們開
始看出它所包含的豐富而深刻的思想，感到極大的驚異和產生了

❶　關於劉勰的思想與沈約的思想之間的關係，值得加以專門的研究。
　　此從略。

濃厚的興趣。

　　《文心雕龍》問世之後，在漫長的歷史歲月裏遭到了冷落。這並不是由於它沒有價值，而是人們還不能了解或不能充分了解它的價值。這價值就在《文心雕龍》既鮮明地標榜、推尊儒家的思想，同時卻又空前地高揚文學的美的價值，客觀上是在打破儒家歷來重善輕美的思想，給了美以極高的地位。自先秦到齊梁，在一切明確尊儒的，以儒家思想來論文藝的著作中，可以說只有《文心雕龍》絕大部分是美學，小部分是倫理學。而其他的著作，則大半是倫理學，小半是美學。所以，上述《文心雕龍》所包含的內在矛盾，既是它長期遭受冷落的原因，同時也是它至今仍具有不可磨滅的重要價值的原因。《文心雕龍》可以說在千載之下才找到了「知音」，但我們今天對它的價值的理解當然是同劉勰自己的理解並不完全相同的。

伍 佛學思想

　　劉勰是齊梁時一位著名的佛學家，史稱「長於佛理」。但可惜留存至今的，劉勰直接論及佛學的文章只有〈滅惑論〉一篇。此外則是一些較間接的資料，而且也很少。所以，我們只能據極有限的資料，對劉勰的佛學思想作一點簡略的評述。

一　研究劉勰佛學思想的資料

　　劉勰的〈滅惑論〉載今本《弘明集》第八卷。關於此文的寫作時間有兩說，一說寫於《文心雕龍》之前，一說在其後，待考。

　　除〈滅惑論〉之外，現存劉勰〈梁建安王造剡山石城寺石像碑〉一文，也可幫助我們略窺劉勰對佛學的理解。還有由僧祐主持編定的各種佛經和佛學論著的序記，其中可能雜有劉勰之作。這些序記，嚴可均所輯《全梁文》第七十一卷加以收錄，共計三十七篇。從文義與措詞來看，我以爲〈梵漢譯經音義同異記〉一文最有可能出自劉勰手筆。其餘〈續撰失譯雜經錄〉、〈鈔經錄〉、〈出三藏記集序〉、〈齊太宰竟陵文宣王法集序〉，均有可能爲劉勰所作。甚至〈弘明集序〉，文風也與劉勰相類。這裏

不來一一考證。但就在這些文章裏，內容大多涉及對佛教文獻的說明，直接論及佛學問題的很少。其他很難推想是否出自劉勰之手的文章，情況也大致相同。但這些文章即使非劉勰所作，以劉勰和僧祐的密切關係和他對僧祐的推崇，其中所顯露的對佛學的看法，應是可以作爲了解劉勰佛學思想的參考的。

　　僧祐死後，劉勰曾作有碑文，可惜早已亡佚。不過，在〈梁建安王造剡山石城寺石像碑〉一文中，還可看到僧祐尚在時劉勰對他的評論。劉勰說：「定林上寺祐律師德燄釋門，名蓋淨眾，虛心宏道，忘己濟物。」「貞鑒特達，研慮精深。」而在〈小乘迷學竺法度造異儀記〉一文中，我們看到僧祐是竭力弘揚大乘佛學的。文中說：「自正化東流，大乘日曜，英哲頂受，遍遍服膺，而使迷僞之人專行偏教，莫或振止，何其甚哉！昔慧導拘滯，疑惑《大品》，曇樂偏執，非撥《法華》，罔天下之明，信己情之謬，關中大眾，固已指爲無間矣。至如彭城僧淵，誹謗涅槃，舌根銷爛，現表厥殃。大乘難誣，亦可驗也。」由此可見，當時佛教中大乘小乘之爭甚爲劇烈，而僧祐是南方大乘佛教的維護者和傳播者。從劉勰〈滅惑論〉看，他和僧祐一樣是弘揚大乘的（詳下）。當然，我們知道僧祐以深研律學而聞名於梁時，律學屬小乘，但這並不妨礙僧祐弘揚大乘。因爲在他看來，小乘只是「初教」，最後的目的還在涅槃。他說：「自正法稍遠，受學乖互。外域諸國，或偏執小乘。最後涅槃，顯明佛性，而猶執初教，可謂膠柱鼓瑟者也。」（見前引〈小乘迷學竺法度造異儀記〉）

二　劉勰佛學思想的特徵

現在所能看到的，最直接地表現了劉勰佛學思想的〈滅惑論〉，古來不少論者均以爲是爲駁斥顧歡的〈三破論〉而作。所謂〈三破論〉，是一種攻擊佛教的理論，「三破」指「入國破國，入家破家，入身破身。」它表現了佛教傳入中國後和中國傳統的文化、社會制度、風俗習慣之間所產生的尖銳矛盾。從劉勰〈滅惑論〉及釋僧順〈釋三破論〉所引〈三破論〉原文來看，此文的思想無疑與顧歡有關，但不可能爲顧歡所作。據《南齊書》卷五十四〈顧歡傳〉，歡「八歲誦《孝經》、《詩》、《論》，及長篤志好學」，又「從豫章雷次宗諮玄儒。」永明元年（西元483年）被徵爲太學博士，不就。由此可見，顧歡是當時一位博通經典，很有名聲的人物。而從劉勰及僧順所引〈三破論〉原文來看，文字粗鄙，形同漫罵攻訐，且常有基本常識錯誤，表現了作者的無知。誠如劉勰所說，「義證庸近，辭體鄙拙」，只能看作是「委巷陋說」（〈滅惑論〉，下引此文者不再注明）。這樣的文章，不可能出於足當太學博士之任的顧歡之手。更爲重要的是，顧歡作有〈夷夏論〉（見《南齊書》、《南史》〈顧歡傳〉及《弘明集》卷七），其中從華夷之別批評了佛教，指出佛教與中華風俗、人情、制度不合，措詞有頗爲激烈的地方。但他並未根本否定佛教的理論，而承認佛教的理論也有其優長之處。他在把佛教與道教作比較時說：「佛教文而博，道教質而精。精非粗人所信，博非精人所能。佛言華而引，道言實而抑。抑則明者獨進，引則昧者競前。佛經繁而顯，道經簡而幽。幽則妙門難見，

顯則正路易遵。此二法之辨也。聖匠無心，方圓有體，器旣殊用，教亦異施。佛是破惡之方，道是興善之術。興善則自然爲高，破惡則勇猛爲貴。佛跡光大，宜以化物。道跡密微，利用爲已。優劣之分，大略在茲。」這些看法，雖偏向道教，但也有相當深刻的見地，表現了晚年信道教的顧歡終究是一位學者，並未簡單地罵倒、否定佛學。此外，顧歡之文還有一個重要論點，卽認爲「道」與「俗」應當分開。「道」指根本的理論，「俗」指社會的風俗、習慣、行爲。他認爲佛教就「道」而言是可取的，與中華之「道」並不相違，問題在於就「俗」而言，與中華之「俗」「大乖」。顧歡主要也是立足於這一點來批評佛教。而所謂〈三破論〉則僅抓住顧歡思想中的這個方面來大做文章，並加以一種粗鄙無知的論述，完全否定佛教。〈三破論〉的作者究竟爲誰，現在已難於考索了。《弘明集》卷八僧順〈釋三破論〉題下注云：「本論，道士假張融作。」由此看來，〈三破論〉是一匿名的道士假張融之名而寫的。

　　弄清〈三破論〉及其與顧歡思想的關係，對於了解劉勰〈滅惑論〉的思想是重要的。劉勰的文章爲破〈三破論〉而作，當然在認爲佛教與中華風俗不能相容，以及擡高道教，貶低以致否定佛教這些問題上，他是旣反對〈三破論〉，也反對顧歡的觀點的。但在認爲就「道」而言，佛教與中華之「道」並非根本相違，以及佛教有其優長之點這些看法上，劉勰與顧歡的看法又有某些相近處。這只要將〈夷夏論〉與〈滅惑論〉一加對比卽可看出。但顧歡晚年是相信道教的，劉勰則只對道家有所肯定，對道教是持完全否定的態度的。這當然同齊梁時佛、道二教的劇烈鬥爭分不開。

　　〈滅惑論〉爲駁〈三破論〉而作，所以劉勰用了不少篇幅去論述、反駁〈三破論〉認爲佛教與儒家提倡的孝道、禮義根本不能相容，以及佛教的推行會導致「國空民窮」、「國滅人絕」等觀點。這些問題的辯論，在當時無疑有很爲重大的意義。而且，由劉勰這樣一個在佛學界很有名聲，又深通中國儒、道兩家思想的人出來論述這些問題，回答〈三破論〉，是很爲適合的。但從我們今天看來，〈滅惑論〉的重要價値並不在此。我們所要著重考察的是劉勰在論述佛教與道教、道家、儒家的異同時所表現出來的佛學、哲學思想。

　　在佛教與道教的問題上，劉勰說：「夫佛法練神，道教練形。形器必終，礙於一垣之裏；神識無窮，再撫於六合之外。明者資於無窮，教以勝慧；闇者戀其必終，詺以仙術。」這是劉勰對於佛學的一個帶根本性的重要看法。它直接牽涉到宗教上、哲學上所討論的生死解脫這個重大問題，也牽涉到對佛學的根本評價問題。

　　在劉勰看來，佛法的根本在於修練「神」，而道教則不過是修鍊「形」。「神」是無限的，它可以超越實存的有限世界而得永生；「形」則是有限的、必終的，不能超越實存的有限世界。佛法以追求精神的無限爲本，所以教人以獲得精神解脫和永生的智慧。道教害怕形體不能長存，所以教人以求長生的仙術。劉勰正確指出長生不可能，所以他認爲仙術是一種欺騙。劉勰對道教「舉號太上，而法窮下愚」的欺騙性作了許多尖銳的揭露。雖然他對道教的認識與評價是不全面的，也不可能是全面的，但他深刻地指出了佛教優於道教的根本所在。這根本就在佛教不以形體的長生爲理想，也不以求得一種所謂「仙家」的生活或世俗的榮華

富貴爲理想，而要追求精神的解脫和永生，達到對人的存在的終
極的意義與價值的體驗和確證。而且這種體驗和確證，又非單純
個人的解脫，而是同普渡眾生，使人類出離一切苦難分不開的。
在所有一切宗教中，佛教包含了一整套最爲深刻的人生哲學，它
的探求和思辯所達到的形而上的深度爲其他任何宗教所不及。就
這一點說，劉勰嘲笑道教的理論，認爲「玄妙上清」根本不能同
「涅槃大品」相比，是有其合理的根據的。佛教所要達到的人生
解脫的境界也遠比道教爲高。雖然道教有一套用以解決生活中的
問題和困難的方術，其中還包含着和自然科學相關的某些合理的
東西，但始終缺乏形而上的深度和高度。由於道教很爲關心世俗
生活中一些具體問題的解決，看來它比佛教更現實，實際上卻遠
不如佛教現實。因爲它只看到一個個具體問題的解決，又只虛懸
著一個並非人人所能實行的成仙的理想，脫離了佛教始終緊緊地
注視著的現實人生中的種種苦難。這些苦難，包括精神的苦難，
不是僅靠道教的方術所能解決的。因此，道教的影響和傳播的程
度，總的來說遠在佛教之下。佛教之所以在歷史上發生了很大的
影響，在今天也仍有不小的影響，首先是因爲它直面人生的苦
難，在廣大的範圍內抓住了人生存在著種種苦難這個無法否認的
事實；其次是因爲它看到這種苦難的解脫不只是實際生活中種種
具體問題如何解決的問題，還有一個人的精神上的矛盾和痛苦如
何解決，人的存在的終極的意義與價值如何得到確證的問題。這
後一問題是超越了個體有限的存在，超越了個體的哪怕是人間最
好的感性欲求的滿足的。它是與人類而俱存的永恒的問題。當劉
勰說佛法是以「練神」爲本，使人獲得精神的解脫和永生的智慧
時，他雖然不可能如我們現在這樣清楚地意識到佛學的本質，但

他確實抓住了佛學最根本的東西。

劉勰認爲應當如何來解決他所說的「練神」間題呢？這在佛學中有種種複雜的理論，而劉勰是採取大乘佛學空宗的理論的。他先是嘲笑道教鍊丹服藥的無意義，提出「極於餌藥，慧業始於觀禪。禪練眞識，故精妙而泥洹（按：卽涅槃）可冀；藥駐僑器，故精思而翻騰無期。」此外，劉勰又更爲明確地指出：「大乘圓極，窮理盡妙。故明二諦以遣有，辨三空以標無，四等弘其盛心，六度振其苦業。」這是對大乘空宗解脫法的一個口訣式的簡要說明。雖然劉勰在〈滅惑論〉中未對大乘空宗的思想提出獨特的見解，但由之我們可以確知劉勰在佛學上是站在大乘空宗立場的。

自魏晉以來，大乘佛學空宗在中國產生了很大的影響。其所以如此，是由下述一些原因決定的。在分析這些原因時，我們可以看出劉勰對佛學以及佛學與儒學的關係的看法都和大乘佛學空宗分不開。

第一、大乘佛學空宗不像小乘佛學那樣只強調個人的解脫，而極大地突出了普渡眾生，致力於眾生解放的思想，並以此爲佛學最崇高的事業。這種思想同儒家的「仁愛」、「汎愛眾」的思想是能夠相通的。正是基於這一點，劉勰認爲「至道宗極，理歸乎一；妙法眞境，本固無二。」「梵言菩提，漢語曰道。」「孔釋教殊而道契，」「其彌綸神化，陶鑄群生無異也。」劉勰舉出佛學主張「拔愚以四禪爲始，進慧以十地爲階；總龍鬼而均誘，涵蠢動而等慈」爲證。這也正是大乘佛學空宗的思想。

第二、大乘佛學空宗主張三界皆空，世界的「自性」本來就是空。但它並不以寂滅爲理想，而是要通過認識世界本來空，消

除一切虛妄的執著，以求得精神的自由解脫和永生。這又是可以
和玄學對絕對自由的人格本體問題的探討相通的。僧肇在〈不眞
空論〉中論述了這一問題。如本書已指出的，劉勰在《文心雕
龍・論說》中批評了玄學「貴無者專守於寂寥」，並讚揚了般若
學的看法。這同樣和大乘佛學空宗分不開。

　　第三、由於大乘空宗，不以寂滅爲務，所以它有一種出世而
不離世的精神，重視現實人生，早期並不提倡出家，而重視在
家，認爲在家也同樣可以學佛。這也是能爲旣重視精神道德修
養，又不離現實人生的儒家所接受的。劉勰在〈滅惑論〉中也涉
及了這個問題。他指出「入道居俗，事緣因果。」「未聞世界，
普同出家。」這就是說，佛教教人學佛法，但並不要求人人必須
出家❶。

　　第四、大乘佛學空宗所提出的主要的修行方法，即劉勰所說
「六度振其苦業」，包含著可與儒家相通的刻苦進取的精神。所
謂「六度」是：(1)布施；(2)持戒；(3)忍辱；(4)精進；(5)禪
定；(6)智慧。其中特別是布施、忍辱、精進三度，明顯可與儒
家相通。

　　劉勰認爲佛學與儒學在根本上是一致的，但「感有精粗，故
教分道俗」，即佛學爲精而儒學爲粗。對於不同於道教的道家老
子的理論，劉勰作了明確的肯定，但也視之爲粗。他說：「尋柱
史嘉遯，實惟大賢，著書論道，貴在無爲，理靜歸一，化本虛
柔。然而三世弗紀，慧業靡聞。斯迺導俗之良書，非出世之妙經
也。」劉勰所說的這種精粗之分，在一定的意義上是有道理的。

---

❶　這裏，可以爲劉勰入定林居依僧祐而居後何以長期不變服出家找到
　　一個重要的說明。

儒道兩家的理論的確都講得比較籠統，它經常是從直觀體驗和日常感性經驗得來的一些格言式的命題，缺乏像佛學那樣細密的分析論證。因此，當佛學在隋唐時期得到了很大的發展和傳播，各派佛學理論被系統地介紹到中國，這時儒家也感到了要戰勝佛學就不能沒有更系統深入的理論。所以，從李翱等人開始即注意到了吸取佛學的理論，使儒學發生了重要變化。但是，佛學與儒學雖有可以相通之處，卻終究是兩種有根本區別的理論體系。儒學的最高理想始終是「內聖外王」，而非佛學的涅槃解脫。在「內聖外王」的實踐上，特別是在對實際事務的處理上，儒學也發展出了自己的一整套理論。其形態雖不如佛學那樣劃分細密，但卻比佛學有更大的實用性和靈活性。就這一點來說，它又是「精」的，不是「粗」的。而號稱細密的佛學，在不少情況下流於繁瑣。此外，「精」和「粗」還可以有另一種意義上的理解，即儒學只能解決世俗的事務問題，而不能解決出世的問題，即精神的最終的超越和解脫問題。劉勰以儒學、道家為「粗」，主要是在這個意義上說的。從這個方面看，儒學與道家也確有其無法最終加以解決的問題。雖然儒家以實現仁義，道家以自然無為為最高理想，但它們都無法解決個體在現實人生中所遭遇到的各種苦難、挫折和不平。儒家所推崇的志士仁人在歷史上橫遭打擊的事實屢見不鮮，道家所推崇的自然無為則經常是一種閉眼不看現實的自我麻痹。究竟每一具體的個體的生存的意義與價值如何才能得到確證，仍然是一個尚未解決的問題。大乘佛學的涅槃理論提出了對這一問題的解決法，雖然也帶有虛幻的性質，但又包含著對人生問題的大膽的、追根至極的深刻思考，並且能給人以某種精神上的啟示和慰安。當然，它也會使億萬生靈陷入涅槃的冥想而失

去改善自身現實處境的行動的力量，這就是佛教的麻醉的作用。但它也會使人心獲得某種淨化，而且在一定條件下，還能成為激發人類去與邪惡作鬥爭的力量。事實上，宗教曾在許多具有歷史進步性的鬥爭中起過自己的特殊作用。

由於佛學包含了個體如何對待人生道路上所遭遇的苦難、挫折和不平以及如何使自身存在的意義與價值獲得確證這一問題的解決，因此佛教傳入中國之後，在儒家倫理陷入了極大危機的魏晉南北朝時期得到了廣泛傳播，產生了巨大影響。不少儒家之徒對佛學發生了興趣，並以之作為在儒學之外的一種信仰或人生哲學，用它來消解在實行儒學的道路上所遭遇到的種種痛苦和不平。劉勰即是這一類人物中很為突出的一個。他一方面尊崇儒學，另一方面不僅把佛學作為一種信仰，而且還入寺依沙門而居，成了佛學界的一位著名人物。此外，還有數量較少的一些文人乾脆從儒學轉入佛學。如慧遠由儒而道，由道而佛，就是一個典型的例子。

僅從劉勰的〈滅惑論〉來看，他對佛學未提出什麼獨創的看法。包含他的佛法以「練神」為本這一有重要意義的看法，也是東晉以來不少人講過了的。但就對劉勰思想的研究而論，他在佛學方面的基本思想仍值得加以充分重視。這些思想遠不如他在儒學方面所發揮的思想那麼豐富和具有獨創性，但劉勰之所以能對儒學作出獨創的發揮，並構成了自己的一個理論體系，無疑又和他研究過佛學，思想更為開闊，理論思維更為嚴密有很大關係。如本書第三章中講到的劉勰的「折衷」、「正本」、「索源」的思維方式，既和儒家、玄學的思想有關，也同東晉以來對佛經的研究整理有關。由於當時傳入的佛經包含了各種各樣派別的著

作、觀點，需要把這些著作、觀點作一種系統的整理，判別不
同經典的意義與地位及其相互聯繫，於是產生了中國特有的「判
教」。在「判教」中，明顯包含了劉勰所說「折衷」、「正本」、
「索源」等方法的使用。而劉勰又正是一個多次參與了佛經整理、
編定的重要人物，所以他對這些方法的應用有深切了解是很自然
的。佛學對劉勰的思想有重要影響，但這種影響不是直接的、表
面的，更不是以佛學的觀點去取代劉勰尊崇的儒學的觀點。這是
一種內在的、精神實質上的影響。從這個方面看，劉勰所說「六
度振其苦業」的「六度」中的「精進」思想，也完全可能影響到
我們已經論述過的，劉勰那種剛健進取、不畏強暴的人格精神。

劉勰事迹考證及生平年表

引　　言

　　由於史書記載的缺略，劉勰生平中，許多問題是不清楚的。這就需要進行考證。劉勰生平的年表也只有在考證的基礎上才能寫成。但年表又只宜簡明地記述劉勰的活動，不宜雜入種種為年表所難於容納的考證。而且，由於對一些問題的考證還只是一種可能的推測，不宜寫入年表之中。因此，只靠年表難於具體深入地了解劉勰的生平。所以，我採取了把考證與年表結合起來的方法，先作考證，再寫年表。考證是必須有材料、事實的根據的，胡適先生曾說過的「拿事實來」，至今仍完全正確。由於材料、事實的缺乏，劉勰生平中的一些問題也許將永遠是不清楚的。在材料、事實缺乏的情況下，硬要把它弄清，說得很確定，就會陷入牽強、任意的推測和斷言，反不如存疑為好。但目前對劉勰生平的考證，已知的材料的充分利用和分析還不夠，過去未注意到的材料尚待發掘，所以仍是有許多工作可做的。

　　這個考證和年表，是在本書寫成後五個月，由韋政通先生提議加寫的。我要感謝韋先生對我的推動，使我下決心把我過去對劉勰生平所作過的一些考證（大部分已寫入《中國美學史》第二卷第十七章）重新加以思考，並把它系統化。結果是有了一些新

的進展，我原先對劉勰生平的認識變得更周密、更深入了。個別問題的看法已和本書所寫的有些不同，我想勿須改動原書，卽以這個年表及考證作爲補正。

　　在寫作的過程中，我參考了范文瀾的《文心雕龍注》、楊明照的《文心雕龍校注拾遺》、王元化的《文心雕龍創作論》、劉汝霖的《東晉南北朝學術編年》等書，吸取了已有的研究成果，同時也提出了我自己的一些不同看法，增加了對一些新的問題的考證。遺憾的是由於個人條件的限制，臺灣及海外學者所寫關於劉勰生平的考證，我全未看到。否則將會獲得種種豐富的啟發，吸收種種重要的見解，把這個考證和年表弄得更好一些。

考　證

一、劉勰的家世及其對劉勰的影響

　　一般而言，人們的思想、性格免不了會受到家庭的影響，包括從遺傳而來的影響。在極爲重視家世、出身、門風的中國古代社會，這種影響更是顯著，不可忽視。對劉勰的家世作一番考察，無疑會有助於深入了解劉勰的生平、思想、個性。特別是由於史書留下了關於劉勰家世的大量材料，所以這種考察就更有必要了。

　　《宋書》、《南齊書》對劉勰家世中重要人物的情況均有很多詳細的記載。後出的《南史》更把這些分散的記載集中到劉穆之一傳中，一併加以記述，等於是對劉氏家族的情況作了一個相當完整的介紹。楊明照〈梁書劉勰傳箋注〉（見《文心雕龍校注

拾遺》）根據這些材料及其他有關材料，編製了劉氏一族的世系表，如下：

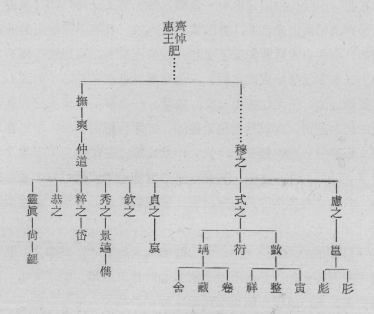

此表搜羅甚爲完備，但劉穆之尙生有一女，適濟陽蔡祐，似應加以說明。

　　關於劉氏屬於士族還是庶族的問題，楊明照上書及王元化《文心雕龍創作論》中〈劉勰身世與士庶區別問題〉一文均作了考證，認爲屬於庶族。我同意此說。但據劉穆之傳言穆之生活貧困而論定其屬於庶族，這理由欠充分。因爲東晉末年以來，魏晉門閥世族的統治急劇崩潰，其後人生活陷於貧困者不少。如王微出身東晉顯赫的王氏家族，但他在與弟僧綽書中亦自言「家本貧餒，至於惡布蔬食，設使盜跖居此，亦不能兩展其足，妄意珍藏也。」（見《宋書‧王微傳》）可見貧賤與否還不是士庶之分的根

本標志，重要的是考察其世系和思想特徵。《宋書·劉穆之傳》雖言穆之爲「齊悼惠王肥後」，但對到穆之一代世系的情況卻一語未提。王元化指出《南史·劉穆之傳》刪去此語，如《南史》之改齊高帝蕭道成世系，蓋因其不實之故。我認爲這推論是有道理的。再從史書所載劉氏子弟的一些情況來看，可以說「俗不可耐」（如劉邕嗜痂成癖之類），全無魏晉世族子弟之「雅致」。就劉勰而論，王元化指出《文心雕龍》一書鮮明地表現出庶族寒士的思想感情，我以爲也是正確的。如果再把劉勰的生平思想和《文心雕龍》和與劉勰同時代、出身士族的鍾嶸的生平思想及鍾所著《詩品》作一比較，劉勰之屬於庶族更爲明顯可見。玆不詳論。我更爲有興趣的是想探討劉氏家族對於劉勰思想、個性的影響。

　　自宋以來，劉氏一門中最爲顯赫的人物當然是劉穆之。他是劉宋的開國元勳，最得宋武帝劉裕的器重與信賴。從《宋書·劉穆之傳》看，這是一個很有政治才幹和膽略的人物。史稱「時晉綱寬弛，威禁不行，盛族豪右，負眾凌勢，小民窮蹙，自立無所；重以司馬元顯政令乖錯，桓玄科條繁密。穆之斟酌時宜，隨方矯正，不盈旬日，風俗頓改。」又說：「穆之內總朝政，外供軍旅，決斷如流，事無擁滯。賓客輻輳，求訴百端，內外諮稟，盈階滿室。目覽辭訟，手答牋書，耳行聽受，口併應酬，不相參涉，皆悉瞻舉。」劉穆之不僅有實際的政治才幹，而且很有文藝學術方面的愛好和修養。史稱「少好書傳，博覽皆通。」又說他「裁有閑暇，自手寫書，尋覽篇章，校定墳籍。」他見劉裕書法「素拙」，卽向劉說：「此雖小事，然宣彼四遠，願公小復留意。」與劉勰有更爲直接的血緣關係的劉秀之，雖無劉穆之地位

顯赫，但也是劉宋時期一個重要的政治人物和軍事將領。他也很有政治才幹，史稱「性纖密，善糾擿微隱，政甚有聲，吏部尙書沈演之每稱之於太祖。」他在軍事上也頗有指揮才能，行動果斷，屢立戰功。

　　史傳所載劉穆之、秀之的經歷、事功，很自然地使我們想起劉勰在《文心雕龍・程器》中所提出的「梓材之士」的理想。他主張士人「摛文必在緯軍國，負重必在任棟梁」，反對「丈夫學文而不達於政事」，以及「好文而不習武」或「習武而不曉文。」在劉宋時，劉穆之、秀之正是劉勰所說的「梓材之士」，旣學文而又達於政事，旣好文而又習武，不同於劉勰在《文心雕龍・議對》中所批評的那種「或練治而寡文，或工文而疎治」的人物。看來劉勰提出「梓材之士」的理想，不只是從書本上得來的一般儒家的見解，而且同劉勰的家世及劉勰對其先祖事跡的了解認識有關。考沈約著《宋書》於齊永明十年（西元 492 年）行世，博覽羣書的劉勰定會看到。這使他不僅從先人的傳聞中，而且從史書記載中詳細了解自己的家世及先祖的業績，無疑會對其思想產生重要影響。

　　除劉穆之、秀之之外，史書對劉氏一門中的另一個人物，和劉勰屬於同輩的劉祥（劉穆之之曾孫）也作了詳細記載（見《南齊書》卷三十六）。其中說劉祥「少好文，性剛疎，輕言肆行，不避高下。」他敢於在朝中當面嘲弄「以腰扇鄣日」的權貴司徒褚淵，說「作如此擧止，羞面見人，扇鄣何益。」在被淵斥爲「寒士不遜」之後，又公然反譏說：「不能殺袁劉，安得免寒士。」直斥如淵等人身居高位而無能。他在和僕射王奐之子一起行走時，又指著路上的驢說：「驢！汝好爲之，如汝人才，皆已令僕。」

譏刺當時得到重用的人物其實不過是一些蠹蟲。他還曾「撰宋書，譏斥禪代。」又「著連珠十五首以寄其懷。」由於對了解對劉勰思想、個性頗有參考價值，茲全文錄之於下：

> 蓋聞興教之道，無尚必同；拯俗之方，理貴袪弊。故揖讓之禮行乎堯舜之朝，干戈之功盛於殷周之世，清風以長物成春，素霜以凋嚴戒節。
>
> 蓋聞鼓鼙懷音，待揚桴以振響；天地涵靈，資昏明以垂位。是以俊乂之臣借湯武而隆，英達之君假伊周而治。
>
> 蓋聞懸饑在歲，式羨藜藿之飽；重炎灼體，不念狐白之溫。故才以偶俗為劭，道以調俗為尊。
>
> 蓋聞習數之功，假物可尋；探索之明，循時則缺。故班匠日往，繩墨之伎不衰；大道常存，機神之智永絕。
>
> 蓋聞理定於心，不期俗賞；情貫於時，無悲世辱。故芬芳各性，不待泪渚之哀；明白為寶，無假荊南之哭。
>
> 蓋聞百仞之臺，不挺凌霜之木；盈尺之泉，時降夜光之寶。故理有大而乖權，物有微而至道。
>
> 蓋聞忠臣赴節，不必在朝；列士匡時，義存則幹。故包胥垂涕，不荷肉食之謀；王歜投身，不主廟堂之籌。
>
> 蓋聞智出乎身，理無或困；聲係於物，才有必窮。故凌波之羽，不能淨浪；盈岫之木，無以韜風。
>
> 蓋聞良寶遇拙，則奇文不顯；達士逢讒，則英才減耀。故墜葉垂蔭，明月為之隔輝；堂宇留光，蘭燈有時不照。
>
> 蓋聞跡慕近方，必勢遺於遠大；情係驅馳，固理忘於肥遯。是以臨川之士，時結羨網之悲；負肆之泯，不抱屠龍

之歎。

蓋聞數之所隔，雖近則難；情之所符，雖遠則易。是以陟
巘流霜，時獲感天之誠；泣血從刑，而無悟主之智。

蓋聞妙盡於識，神遠則遺；功接於人，情微則著。故鐘鼓
在堂，萬夫傾耳；大道居身，有時不遇。

蓋聞列草深岫，不改先冬之悴；植松澗底，無奪後凋之
榮。故展禽三黜，而無下愚之譽；千秋一時，而無上智之
聲。

蓋聞希世之寶，違時則賤；偉俗之器，無聖必淪。故鳴玉
黜於楚岫，章甫響於越人。

蓋聞聽絕於聰，非絕響所達；神閟於明，非盈光所燭。故
破山之雷，不發聾夫之耳；朗夜之輝，不開矇叟之目。

有人將劉祥所著〈連珠〉啟於上，御史中丞查辦，結果除著〈連
珠〉被稱爲影射攻擊聖上之外，又羅織了其他一大篇罪狀。獄吏
審訊祥，祥對加給他的罪狀，「事事自申」，一一加以反駁。中有
「事無髣髴，空見羅謗」之語，還涉及了和大臣王儉有關的事。
但祥的申辯是徒然的，最後被判流放廣州，不久死去。時年三十
五歲，約當齊建元（西元 494 年）之末。

　　劉祥在齊建元中還活著，且很爲人知。劉勰對他的這個堂兄
弟的情況，特別是寫連珠和因之而獲罪致死的情況，不會一無所
知。看來劉祥是一個很有抗爭精神的人物。他對朝士的嘲諷和他
所寫的連珠，極爲大膽尖銳地揭露了統治者用人的不當，權貴們
的無能和世事的不平，剛烈之慨溢於言表。劉勰在《文心雕龍‧
程器》中說過：「蓋人稟五材，修短殊用，自非上哲，難以求備。

然將相以位隆特達，文士以職卑多誚，此江河所以騰湧，涓流所以寸折者也。」〈史傳〉中又說：「……記編同時，同時多詭，雖定哀微辭，而世情利害。勳榮之家，雖庸夫而盡飾；迍敗之士，雖令德而嗤埋，吹霜煦露，寒暑筆端，此又同時之枉，可爲嘆息者也。」這些話，參之以上述劉祥的思想和生平遭遇，看來也非泛泛而談，應與劉勰對劉祥的事迹的了解有關，亦卽包含了他從劉祥的遭遇所產生的感慨和不平在內。劉祥正是劉勰所說「將相以位隆特達，文士以職卑多誚」的一個例證。這「多誚」，表現在劉祥被加上的那一大篇從政治到私人生活的種種罪狀上。至於劉勰所說「勳榮之家，雖庸夫而盡飾」，這正是劉祥所深惡的，他不惜把這些「庸夫」比之爲驢。而「吹霜煦露，寒暑筆端」，不也正包含了劉祥在申辯中所說的「事無劈豁，空見羅謗」嗎？一般而言，人們對自己的親族的不幸遭遇大都是感同身受的。劉祥的遭遇不會對劉勰毫無影響。

　　一個家族，在思想、性格上常常會有某種相似的特點，卽維特根斯坦 (Ludwig Wittgenstein) 所謂「家族相似」。考史傳對劉氏一門人物的記載，顯然可見一個特點，那就是剛強。從《宋書・劉穆之傳》可以清楚地看出，劉穆之是一個有豪邁之氣的，處事果敢剛決的人物。其中子劉式之，孫劉瑀，亦然。史稱「瑀爲御史中丞，甚得志。彈蕭惠康云：非才非望，非德非勳。彈王僧達云：蔭藉高華，人品冗末。朝士莫不畏其筆端。」死後「諡曰剛。」劉秀之，史稱其「有志操。十許歲時，與諸兒戲於前渚，忽有大蛇來勢甚猛，莫不顛沛驚呼，秀之獨不動，眾異焉。」又說：「秀之野率無風彩，而心力堅正。」至於上述的劉祥，「性剛疏，輕言肆行，不避高下」，更是十分特出，並以此

致死。從《文心雕龍》一書來看，劉勰也鮮明地具有一種不畏強暴的剛正的人格精神，他對文學上的「風骨」的大力提倡和推崇，與此直接相關。如前所說，他的思想和劉祥有類似之處。他主張臣子的奏啟須有「不畏強禦，氣流墨中，無縱詭隨」的精神，「必使筆端振風，簡上凝霜」（見《文心雕龍·奏啟》），這顯然又和其父輩，曾為御史中丞，「朝士莫不畏其筆端」的劉瑀的作風十分類似。而且，劉勰完全可能直接受到了劉瑀的影響。史書對劉氏一門人物的記載，為維特根斯坦所謂「家族相似」提供了一個很有趣的例證，可以作為個案來研究的。我們了解了劉氏家族，對劉勰也就會有更深切的了解。

從劉勰的家世還可清楚地看出以下幾點：一、劉氏雖然不屬於士族，但宋初即有了顯赫的地位，在政治影響上決不低於一些屬於士族的家族（如上面談到的王微一族）。二、在劉宋，劉氏家族的代表人物劉穆之、秀之很好地體現了儒家積極入世、建功立業的思想，是當時確有實際作為的人物，不同於沒有實際才幹的門閥世族的子弟。三、劉氏家族，包括劉祥在內，是崇信儒家思想的（這在劉祥所著〈連珠〉十五首中有鮮明的表現），但又不屬於那種治經學的儒學世家，而十分重視事功，並且有一種不為儒學所囿的抗爭精神（這同樣鮮明表現在劉祥的〈連珠〉十五首中）。四、劉氏家族既重事功，有從政、從軍的才幹，同時又有喜好文藝學術的傳統。其中，劉穆之自然是其子弟學習的楷模。史稱「好文學」的劉祥，他的〈連珠〉十五首甚有文采，頗有陸機的風味。五、劉勰本人一生的經歷並不複雜，但他出身在一個豐富複雜的政治經歷和重大建樹的家族，繼承了這個家族無疑會引以為榮的傳統中的優秀的東西（包含重視文學），加上他個人

的「篤志好學」（《梁書‧劉勰傳》），這就使他的思想能夠上升到至今仍爲我們所讚佩的高度，並且具有從實際生活體驗得來的深切內容，不同於一般思想狹隘，知識貧乏，僅知搬弄章句的儒生。在考察了劉勰的家世及其對劉勰的影響之後，我們可以說劉勰之爲劉勰，他之所以能寫出《文心雕龍》，是同他的家世對他的影響密不可分的。不了解劉勰的家世，很難眞正了解劉勰。

二、劉勰早年的活動

《梁書‧劉勰傳》說：「勰早孤，篤志好學。家貧不婚娶，依沙門僧祐，與之居處，積十餘年，遂博通經論。因區別部類，錄而序之。今定林經藏，勰所定也。」這是劉勰本傳對他的早年活動的記述，其中有三個需要加以考證的問題：一、劉勰何以不婚娶。二、劉勰爲何入定林寺。三、劉勰參與整理、著錄佛經的情況。現分述如下。

楊明照〈梁書劉勰傳箋注〉認爲，劉勰早年不婚娶是出於信佛，並舉史書所載周續之等人的情況以證之。又說劉勰入定林寺，後又終身未娶，更可證明其不娶乃由於信佛。結論是：「舍人之不婚娶者，……一言以蔽之，曰信佛。」

我認爲此論不確。

第一、從《文心雕龍‧序志》可以十分清楚地看出，劉勰自幼即懷有儒家理想。他說：「予生七齡，乃夢彩雲若錦，則攀而采之。」考西晉時，文人作賦頌雲者甚多。此種歌頌一般有二義，一是以彩雲爲祥瑞之象徵，通過歌頌彩雲而歌頌朝政的清明、國家的安寧；二是讚美文章之繁盛美麗，亦即讚美盛世文治的業績（參見《中國美學史》第二卷第十七章）。劉勰在《文心

雕龍‧原道》中，以「雲霞雕色」比喻文釆之美；在〈諸子〉又
說：「君子之處世，疾名德之不章。唯英才特達，則炳曜垂文，
騰其姓氏，懸諸日月焉。」由此可見，劉勰七歲「夢彩雲如錦，
則攀而採之」，顯然是以「英才」自許，希望日後以文學垂名於
世，同時也可包含在仕途上飛黃騰達，青雲直上，光宗耀祖之
意。就前面我們已考察過的劉勰的家世來看，他在幼年時代卽懷
有儒家的這種理想，是十分自然的。緊接著講到七歲夢彩雲之
後，劉勰又說「齒在踰立」，夢見「執丹漆之禮器，隨仲尼而南
行」，醒後欣喜之極，盛讚孔子之偉大。中國古代風俗，男婚約
在十八歲的樣子。我們很難設想，七歲卽熱烈地懷有儒家理想的
劉勰，至十七、八歲將近可以婚娶的年齡，卻忽然信起佛來了，
而且信到了拒絕婚娶的程度。也很難設想，他在過了三十歲後，
本來信佛達到拒不婚娶的程度，卻忽然又熱烈地信仰儒家，以致
夜夢孔子，而不是夢釋迦。這樣一種思想信仰的急劇變化，是不
符合一般情理的，而且也無史料可以證實真有此種變化。因此，
我認為從劉勰幼年至三十歲之間思想的發展來看，他的不婚娶非
出於信佛，這是可以斷言的。以僧祐幼年卽立意信佛，拒不婚娶
來作比附，推論劉勰也是如此，顯然很不恰當。

　　第二、古代士大夫不婚娶有種種原因，並非都由於信佛或信
道，不可一概而論。如楊著中也提及的何點，青年時代拒婚，非
由於信佛或信道，而是因其父「有風疾，無故害妻，坐法死。點
年十一歲，幾至滅性。及長，感家禍，欲絕婚宦。」其祖尚之
「彊為之娶」，「點涕泣求執本志，遂得罷容。」（《梁書》卷五
十一〈何點傳〉）。此外，還有十分信佛，但仍婚娶，並未出家
的。如劉宋時的宗炳，曾入廬山事慧遠，著《明佛論》，其信佛

之程度決不下於劉勰，但他是婚娶了的，後來也未出家，且與其妻羅氏感情甚篤。史稱「妻羅氏亦有高情，與炳協趣。羅氏沒，炳哀之過甚。」（《宋書》卷九三〈宗炳傳〉）

　　第三、古代士大夫青年時代不娶，老而又娶或始終不娶，亦有種種不同的應加分析的原因，不能一概認爲至老始終不娶必是出於信佛。如劉勰青年時代不娶，至老亦不娶是出於信佛，那麼他在入定林寺後就應變服出家了。但劉勰卻不變服出家，直至晚年死前才出家（其原因詳另考）。又有引劉勰〈滅惑論〉所言「妻者愛累，髮者形飾；愛累傷神，形飾乖道。所以澄神滅愛，修道棄飾，理出常均，教必翻俗」，以證劉勰不婚娶是出於信佛。但如按此言，劉勰入定林寺更應立卽變服出家了，可是他卻長期不變服出家。這只能用劉勰雖然信佛，但卻又不願拋棄儒家信仰，成爲僧人來加以說明。實際上，劉勰在〈滅惑論〉中也已作了說明，那就是認爲信佛不一定非出家不可。他說：「夫棲形稟識，理定前業；入道居俗，事繫因果。是以釋迦出世，化洽天人，御國統家，並證道跡。未聞世界，普同出家，良由緣感不二，故名教有二，搢紳沙門，所以殊也。」劉勰旣信佛而長期不變服出家，正因爲他還堅持著儒家「御國統家」的理想，願做信佛的搢紳而不願入沙門。劉勰走上仕途之後也仍不婚娶，同樣不是出於信佛，而是別有複雜的原因。這原因就在劉勰的入仕與梁武帝捨道宏佛這一歷史背景分不開，他是作爲梁王室所推重的名僧僧祐的重要助手、佛教典籍專家、佛教界知名人士而走上仕途的。雖然劉勰在佛經之外又博通儒家經典和有顯著的文學成就，也是重要原因，但只是第二位的原因（詳另考）。因此，如劉勰於入仕之後婚娶，那他就會失卻作爲僧祐的助手和佛教界知名人士這一

重要身份，成爲普通的俗士，而危及他的政治地位。這就是劉勰
始終不娶的苦衷所在（參見後文）。

　　第四、如劉勰眞是由於信佛而不婚娶，那麼這在有名望的士
大夫中，就是一種很特出的行爲，史家是不會不加以說明的（如
楊著所引周續之等傳卽如此）。而劉勰本傳一語未說，亦可證劉
勰之不婚娶非出於信佛。

　　那麼，劉勰不婚娶的原因究竟何在呢？他在青年時代之後仍
不婚娶的原因已如上述。就青年時代而論，則是由於如劉勰本傳
所說的「篤志好學」和「家貧」。這兩者又是互相聯繫的。

　　中外歷史上，因「篤志好學」而對婚姻採取冷淡態度，甚或
不娶的例子還有一些。德國的大哲學家康德就是一個。就劉勰生
活的齊梁時代而言，楊著也提及的劉巘，是當時影響很大的專治
經學的儒者，也可說是齊代最有名的大學者。他年四十餘未有婚
對，從其本傳（見《南齊書》卷三十九）來看，正是出於不問俗
務，不以個人生活安樂與否爲意，而完全專心致志於儒學研究的
緣故。雖然他爲其有病的祖母盡孝也是一個原因，但還不是根本
的原因。而且盡孝以及因盡孝而致四十餘未婚，這本身也是他不
僅把儒學的研究，而且把儒學的實行放在最高地位的表現。後來
雖然又婚娶，但明顯是出於外力的推動。且娶後因一件對其母有
所不恭的小事，立卽出妻。劉勰與劉巘的思想並不相同，他不是
像後者那樣死板拘滯的儒者，但篤志好學而又家貧，完全可能成
爲他不婚娶的原因。下面我們卽將講到，劉勰入定林寺正是由於
他家貧而又篤志好學的緣故。旣然劉勰爲了求得一個能專心致力
於學習研究的環境、條件而決定入定林寺居住，那麼婚娶的問題
自然是無從談起的了。這一點是不難理解的。

但是，我也不否認劉勰不婚娶完全可能受到佛教思想的影響。但這影響只是使他更加把婚娶與否的問題不放在心上，而不是說劉勰的不婚娶是出於信佛。如上所說，如果是出於信佛，那麼劉勰應該一入寺就變服出家了。

下面，再來較爲具體地考察一下劉勰何以要入定林寺的問題。

首先，不能否認劉勰入定林寺和他對佛教的思想信仰，或至少是對佛教取贊同的態度有關。如果劉勰是排斥、反對佛教的，那他就決不會入定林寺依僧祐而居。其次，在齊梁時期，身爲儒者而研究佛學的人還有不少。佛學作爲一種思想、理論、學問，進入了儒者的研究活動中，這是齊梁學術的一個重要變化。如很爲著名的儒者何胤，「師事沛國劉瓛受《易》及《禮記》、《毛詩》，又入鍾山定林寺聽內典，其業皆通。」（《梁書》卷五十一〈何點傳附胤傳〉）劉勰入定林寺依名僧僧祐而居，後來做到了博通經論，成了佛教典籍的專家，爲佛經的整理研究作出了貢獻，這說明劉勰的入定林寺是抱有了解、研究佛學的目的的。

但是，以上所說，仍不能充分解釋劉勰何以非入定林寺不可。卽使劉勰在思想上認同甚至信仰佛教，又有研究佛學的興趣和意圖，但他旣然仍堅持儒者的思想立場，不願出家爲僧，就完全可以居家事佛，也可以如何胤那樣，入定林寺聽講，以研究佛學。而劉勰卻沒有採取這種做法，原因仍在他早孤，家貧，而又篤志好學。這只要看看齊梁時和劉勰有類似處境的一些文人的情況就會明白。這樣的文人在當時還有不少。僅從《梁書·儒林傳》和〈文學傳〉來看，如：

司馬筠：「孤貧好學。」

卞華：「幼孤貧好學。」

孔子祛：「少孤貧好學，耕耘樵採，常懷書自隨，投閒則誦讀，勤苦自勵，遂通經術，尤明古文尚書。」

袁峻：「峻早孤，篤志好學。家貧無書，每從人假借，必皆抄寫自課。日五十紙，紙數不登，則不休息。」

劉峻：「峻好學，家貧寄人廡下，自課讀書，常燎麻炬，從夕達旦。時或昏睡，蒸其髮，既覺，復讀，終夜不輟。」

臧嚴：「孤貧勤學，行止書卷不離於手。」

就劉勰的情況來看，其母死後，孤身一人。他既篤志好學，入定林寺既可從根本上解決生計問題，不用再為生計操心，又可在寺院中獲得一個良好的學習環境。特別是他是依僧祐而居，從事佛經的整理研究，在生活和學習的條件上更有充分保證。較之於上述的孔子祛、袁峻、劉峻等人，處境當然要好很多。但劉勰的入寺和由入寺而最後走上入仕的道路，也使他付出了很大的代價，造成了他一生的不可解決的悲劇（詳另考）。

有一種說法認為劉勰的入寺是為了避租役。劉勰既然屬於庶族，又家貧，這種情況當然也是很有可能的。但從我們上述劉勰入寺的動因及其在入寺後的種種表現看，他的入寺決不僅僅是為了避租役。把避租役看作劉勰入寺的根本原因，這是一種簡單化的看法，忽視了劉勰其人的複雜性，把他和一般為避租役而入寺的老百姓等量齊觀了。

總起來看，劉勰的入寺既是由於他對佛教、佛學確有好感、興趣，但更重要的卻是由於早孤、家貧，而又篤志好學。此外，

不可忽視劉勰入寺是依名僧僧祐而居，以僧祐的助手的身份活動
於寺院之中的。否則劉勰是否決定入寺，亦未可知。而僧祐何時
認識劉勰，並表示器重，選擇他作爲自己的助手，這都難於考
索了。劉勰入寺後，無疑度過了長期苦學的歲月，這從《文心雕
龍》對「學」的重要性的反覆論述可以推知。入寺使劉勰獲得了
能夠「傲岸泉石，咀嚼文義」（見《文心雕龍・序志》）的條件，
寫成了《文心雕龍》。中國古代的寺院，特別是一些名僧所居的
著名寺院，直接間接地爲中國文化的發展作出了貢獻。劉勰《文
心雕龍》的寫成也是一例。

　　關於劉勰入定林寺的時間，范文瀾推定爲二十歲左右，僧祐
於齊永明（始於公元 483 年）中入吳傳法之後。這個推定是合理
的。要確知更爲具體的時間，由於已知的史料的欠缺，有待於繼
續考證。

　　末了，再來考察一下劉勰入寺後參與佛經整理研究的情況。

　　齊梁時期，由於佛教各個派別的經典的輸入和翻譯的數量劇
增，有時還出現了某些僞造的佛經，因此佛經的整理研究就成了
一項重要工作。要使人掌握浩如烟海佛教典籍，沒有較系統的分
類、整理、研究、介紹是不行的。

　　《梁書・劉勰傳》明確肯定地指出，定林寺經藏是由劉勰所
定的，他對浩繁的經論作了「區別部類，錄而序之」的工作。又
據《高僧傳》卷十一〈僧祐傳〉；「初，祐集經藏既成，使人抄撰
要事，爲《三藏記》、《法苑記》、《世界記》、《釋迦譜》及《宏明
集》等，皆行於世。」又說僧祐於定林、建初兩寺「造立經藏，
搜校卷軸。」無疑，劉勰定定林寺經藏的工作是在僧祐主持下進
行，但實際的完成者則是劉勰，所以《梁書》明言爲勰所定，不

繫之於僧祐名下。事實上，就現存題爲僧祐所撰《出三藏記》來看，明顯是運用中國經學、史學、目錄學的方法來整理佛經的。而劉勰對於經學甚有素養，且當爲僧祐所不及。現題爲僧祐所寫各種序記，早有人指出雜有劉勰之作。試看其中一些篇章的思想、措辭，確與劉勰思想文筆類似。逐一詳考，應作爲一個專題來研究，這裏從略。僧祐在《法雜集記銘目錄序》中還曾言及「山寺碑銘眾僧行記，文自彼製，而造自鄙衷。」但恐不只見於此目錄的碑銘行記，其他題爲僧祐所著的文章，亦有爲劉勰所製者在。且祐之說法，顯然不妥。因爲某些文章之作，即使出自祐的動議，並由他提供了內容、材料，但要寫成文章，仍須有作者的理解、構思、闡發、論證，因而其中也就會包含有作者自己的體驗、見解。從僧祐來說，就不能籠統地講是「造自鄙衷」。但劉勰在僧祐手下參與佛經整理研究，旣是出於對佛學的好感、興趣，很大程度上也是爲了生存，因此代僧祐著文，對劉勰來說也是理所當然的了。劉勰在佛經整理研究上所作的貢獻，當時就已爲僧祐之名所掩，至今當然更難知其詳。

三、劉勰與佛教的關係

在以上考證中，已涉及了劉勰與佛教的關係。這是和理解劉勰生平思想密切相關的十分重要的問題。下面試再作一些考證。

上面已經說過，從劉勰的家世和他自述的幼年至青年的思想發展來看，劉勰是篤信儒家思想的。他在三十歲後所作的《文心雕龍》同樣清楚地證明了這一點。但篤信儒家的劉勰又寫出了〈滅惑論〉、〈梁建王造剡山石城寺石像碑〉這樣一些熱烈宣揚佛教的著作。這還只是留存至今的兩篇，其他已迭亡了的當然更

多。以後一文來說，其中講了許多佛顯靈的怪異的事，如言「及巖窟既通，律師（指僧祐）重履，方精成像軀，妙應尺度；時寺僧慧逞，夢黑衣大神，翼從風雨，立於龕側，商略分數。是夜將旦，大風果起，拔木十圍，壓壞匠屋，師役數十，安然無傷。此乃詰朝，而律師已至。靈應之奇，類皆如此。」又說：「及身相克成，瑩拭已定，當胸萬字（卽卍字），信宿隆起，色似飛丹，圓如植璧。感通之妙，孰可思議？」我們知道，劉勰在《文心雕龍·正緯》中，曾歷數東漢讖緯之僞，並說「伎數之士，附以詭術，或說陰陽，或序災異，若鳥鳴似語，蟲葉成字」，「乖道謬典，亦已甚矣。是以桓譚疾其虛僞，尹敏戲其浮假，張衡發其僻謬，苟悅發其詭誕。四賢博練，論之精矣。」然而，劉勰在上述碑文中所說「當胸萬字，信宿隆起」之類的「靈應之奇」，「感通之妙」，較之他所批判的讖緯，其「詭誕」似更過之。究竟如何來解釋這種矛盾的現象呢？

過去我曾指出，齊梁時期許多儒者均信佛，認爲佛儒在根本目的上是一致的，可以並行不悖，劉勰亦然。我現在仍認爲這是對的，但僅指出這一點，還不能具體地說明篤信儒學的劉勰何以又會信佛，他的思想的演變過程究竟是怎樣的。限於史料，對此尚難作出清楚確定的說明。但如著眼於較寬廣的歷史背景和細究劉勰一生的思想經歷，仍可作出一個大致的說明。

中國儒家士大夫自古以來就存在著入世與出世的矛盾。當著在實行儒家理想的道路上碰到種種艱難困苦和挫折打擊時，往往就會產生出世的意念。連孔子也曾有過「道不行，乘桴浮於海」（《論語·公冶長》）的慨歎。性情剛烈、氣魄很大的孟子也曾說過：「窮則獨善其身，達則兼善天下」（《孟子·盡心上》），

留下了「獨善」的退路。先秦而後，歷代儒者在產生出世的意念時，經常從道家及後來的佛學中去找尋精神的慰藉和解脫（魏晉玄學實質上是道家思想的一種變態）。東晉以來，玄學與佛學合流。晉末而後，玄學影響日衰，佛學大盛，不少士大夫紛紛到佛學中求取解脫（如謝靈運、顏延之、宗炳等），少數人則率性捨儒事佛，出家為僧（如慧遠等）。劉勰生於宋泰始元年（西元 465年）之後（詳另考），其時佛學在士人中影響已很普遍，佛儒、佛道之爭成為士人所關心的重要問題。前者如何承天與顏延之等人之爭，後者如顧歡與袁粲等人之爭。至齊，儒學影響有明顯增長，但又出現了竟陵王子良為首的佛教中心，佛教影響也大增。自宋入齊，時劉勰約十七歲左右。我們可以想見，劉勰的青少年時代處在儒學與佛學的雙重影響之下。但從劉勰的家世來看，除其父、祖的情況不明之外，餘均無信佛的記載。相反，劉勰祖父之兄劉秀之為何承天所賞識，以女妻之（見《宋書》劉秀之傳），而何承天正是宋時堅持儒學，反對佛教的重要代表人物。如在考索劉勰家世時所已指出，劉勰的篤信儒學與其家世的影響不能分離。劉勰七歲夢彩雲若錦，攀而採之，年踰三十又夢孔子，均與此有關。但後來劉勰決定入定林寺依僧祐而居，雖非出於信佛出家的要求，卻必定已經受到佛學影響。如果他仍是像何承天那樣堅決反佛的儒者，那是決不可能入定林寺去依僧祐而居的。

但是，劉勰怎樣接受了佛學的影響，至目前我還未發現有關材料可資說明。不過，如上所述，自宋以來，不少士人均從佛學中去求得對人生痛苦遭遇的慰藉和解脫，如《宋書·宗炳傳》載：「妻羅氏亦有高情，與炳協趣。羅氏沒，炳哀之過甚。旣而輟哭尋理，悲情頓釋。謂沙門釋慧堅曰：死生之分，未易可達，

三復至教，方能遣哀。」劉勰入定林寺之前，父早孤，母又死，家境陷於極大的貧困之中。在佛教盛行的情況下，劉勰此時從佛學中獲得某種精神上的慰藉、解脫，我認爲應是完全可能的。再考劉勰所著〈滅惑論〉，其論及佛教與孝的關係時說：

> 夫孝理至極，道俗同貫，雖內外跡殊，而神用一揆。若命綴俗因，本修教於儒禮；運稟道果，固弘孝於梵業。是以諸觀出家，法華明其義；聽而後學，維摩標其例。豈忘本哉！有由然也。彼皆照悟神理，而鑒燭入世，過駟馬於格言，逝川傷於上哲。故知瞬息盡養，無濟幽靈；學道拔親，則冥苦永滅。

此種對於孝的看法，或當與劉勰在母死居喪之後決心入定林寺有關。雖然勰入寺後並未變服出家，但既已依僧人而居，並直接參與佛教的活動，亦可言「弘孝於梵業」，「學道拔親，則冥苦永滅」矣。

但以上所說，還不是劉勰受佛教影響的深層原因。深層原因仍是上述存在於士大夫心靈中的入世與出世的矛盾。這在劉勰所著《文心雕龍》中同樣可以看到。

劉勰的入寺，可以說實際上皈依了佛教，但劉勰卻又不放棄儒者的理想，不願變服出家。這更加深了他思想中佛與儒、入世與出世的矛盾。《文心雕龍》之作應看作是這種矛盾發展的產物。劉勰寫作此書時，他入寺已有十二三年左右。此書充分證明，在這樣漫長的時間裏，劉勰仍堅持著儒家理想。劉勰既已入寺，在當時的情況下看來，他要如其先祖那樣走上仕途，建功立

業，是不可能的了。用他在《文心雕龍・程器》中所言做「梓材之士」的理想來說，「達則奉時以騁績」已不可能，剩下的只有「窮則獨善以垂文」。《文心雕龍》就是爲實現這一理想而作的，這在〈序志〉中說得十分清楚。這本書最充分地展示了劉勰積極入世的儒家思想，並且具有一種在儒者中很少見的抗爭、批判精神。全書「本乎道，師乎聖，體乎經」，儒家的調子很爲高昂。〈序志〉之作，先言欲以著文而不朽之意，次言七歲夢彩雲若錦，攀而採之，接著又講年踰三十夢孔子，決意著《文心雕龍》，以光大孔子之學，調子也很高昂，但在文末卻說：「茫茫往代，旣沈予聞，眇眇來世，倘塵彼歡也。」對自己已寫成的著作能否傳之於世發出了悲涼的慨歎。緊接著又在「贊」中說：「生也有涯，無涯惟智。逐物實難，憑性良易。傲岸泉石，咀嚼文義。文果載心，余心有寄。」基調仍是悲涼的。其中特別值得注意的是「逐物實難，憑性良易」一語。它顯然包含了劉勰對人世艱難的慨歎（此於〈史傳〉、〈程器〉、〈知音〉諸篇中均可見之，茲不具引），以及由此慨歎而來的捨「逐物」，取「憑性」的思想。所謂「憑性」，自然是指下文「傲岸泉石，咀嚼文義」，卽卑視、超越世俗的追求，潛心於自己所喜愛的著述之意，但是，聯繫到「逐物實難」，此語又非僅爲《文心雕龍》之作而發，含有更爲寬廣的意義。那就是主張「憑性」而行，擺脫由「逐物」而帶來的種種痛苦。這種思想，源於莊子，卽《莊子・繕性》教人不要「喪己於物，失性於俗」之意，但同時亦可通於佛學。因爲全部佛學可以說都是爲了要解決由「逐物」而來的痛苦。魏晉玄學關於有無問題的論辯，一個重要的目的也在於此。而劉勰在這個問題上的看法，是站在以僧肇爲代表的佛學般若學

一邊的。《文心雕龍・論說》在講到玄學關於有無問題的論辯時，一方面肯定了玄學論辯的精微，另一方面又說：「然滯有者全係於形用，貴無者專守於寂寥，徒銳偏解，莫詣正理。動極神源，其般若之絕境乎？」考僧肇〈不眞空論〉專門分析了玄學關於有無的論辯，主張「雖無而非無，無者不絕虛；雖有而非有，有者非眞有」（見《全晉文》卷一百六十四），認爲只有採取這種看法才能求得眞正的解脫。劉勰對般若學的此種看法大加讚美，認爲「動極神源」，那麼他在〈序志〉所說「逐物爲難，憑性良易」之說，就不只具有莊學的意義，而同時具有佛學的意義。就佛學般若學來說，藉「憑性」而擺脫「逐物實難」引起的人生痛苦，就是要把「物」看作旣是有，又是無，亦卽僧肇所說「卽物之自虛」，把實存的世界同時看作是一個空幻的存在，這樣就可不爲任何物所束縛，「所遇而順適，無滯而不通」（引文均見僧肇〈不眞空論〉），達到徹底的自由、解脫了。總上所述可以看出，《文心雕龍》雖鮮明強烈地表現了劉勰積極入世的儒家思想，但同時也表現了儒者由於入世的艱難所引起的出世的意念。對於劉勰來說，這又不僅是道家意義上的「傲岸泉石」的意念，而且是通向佛學的。

　　劉勰自幼的艱辛經歷，儒者所具有的入世與出世的矛盾，把劉勰推向了佛學，甚至成了佛教界的一員，但他卻又始終不願拋棄儒學，如歷史上的慧遠那樣出家爲僧，這就是劉勰一生在思想和處境上的矛盾所在。劉勰的入定寺，成爲佛教界的一員，如用他在〈滅惑論〉所說的「因果」來解釋，實出於不得已。他旣在入寺約十三年後依然堅持著儒學，那麼他在佛教界的種種活動，包括撰寫佛教碑銘的活動，旣同他的確信仰佛學有關，同時也是

劉勰在依靠寺院爲生的情況下不能不進行的活動（當然，碑銘的
寫作又同劉勰對文章的愛好有關）。因此，包括我們以上所說的
〈梁建安王造剡山石城市石像碑〉在內，劉勰是不能不按照佛教
的教義和要求來寫作的。即使其中的一些內容、思想與他的《文
心雕龍》中的思想相衝突，也只能按照佛教的教義和要求來寫。
從劉勰自幼的經歷和思想的變化來看，我認爲說劉勰是佛學的信
仰者，只能在一種有限的意義上來講，即他贊同佛教的根本宗
旨，認爲它與儒學的根本宗旨是一致的（見〈滅惑論〉），而決
非說劉勰放棄了儒學，完全獻身於佛學。從劉勰在《文心雕龍》
中所表現出來的那種高度的思維能力來看，他如潛心於佛學理論
的研究，那是一定會取得重要成就的。但劉勰顯然沒有認眞地進
行這種理論研究工作，他所做的工作，一是整理佛經，二是撰寫
佛教碑銘。看來劉勰對佛教的態度是這樣的：一是贊同佛教的根
本宗旨，二是把佛教作爲一種文化現象來加以觀察、研究。除對
佛經文獻的整理外，後者表現在題爲僧祐作，實際極可能是劉勰
所作的〈梵漢譯經音義同異記〉以及上述石像碑銘中。前一文論
述了梵語與漢語、梵文書法與漢文書法的不同，譯經的方法，已
譯出的一些經典的成敗得失等問題，後者生動地描繪、讚美了佛
教藝術的創造。劉勰雖躋身於佛教界，但他不是一個僧人，也不
是一個專門從事佛學理論研究的人，而是一個爲寺院整理佛經、
撰寫佛教碑銘，並以此爲生的文化人。我想這就是劉勰在當時
佛教界實際所處的地位。《佛祖統紀》等書在講到劉勰時也說：
「劉勰者，名士也。」

　　但是，隨著劉勰在梁代初年走上仕途，他本人和佛教的關
係，他思想中的儒佛矛盾也發生了變化，和前期有了重大的不

同。在前期，劉勰從事佛教活動不帶什麼政治色彩，寺院生活同
他作爲儒者入仕的願望、理想是不相容的。而在梁初，他正是憑
藉著他與僧祐的密切關係和他在佛教界的地位而成了狂熱地事佛
的梁王朝的官吏。他作爲佛教界一員的地位與他的入仕不但不再
是互相衝突的，而且恰恰是極爲有利的。因此，佛教活動對於
劉勰來說就同時具有了政治的意義，帶上了很明顯的政治色彩。
如他上表梁武帝建議二郊農社之祭祀改用蔬果，是宗教性質的問
題，但同時也是政治性的。劉勰上表後被遷升爲步兵校尉。又
如他在上表之前所寫的剡山石像碑銘，包含了大量歌頌梁王朝的
話。如：「曁我大梁受歷，道鑄域中，集玉衡而齊七政，協金輪而
教十善，地位天成，禮被樂洽。瞻行衢而交讓，巡比屋其可封；
慈化穆以風動，慧教煥以景燭，般若燧於香城，表利嚴於淨土。
希有之瑞，旦夕鱗集，難值之寶，歲時輻湊。」此外還有不少，
玆不全引。碑中講了那麼多比劉勰在《文心雕龍·正緯》中所批
判的纖緯更爲荒誕的「靈應之奇」，「感通之妙」，顯然也是爲
了歌頌梁王朝。而這又明顯和此像是由梁武帝勅建，並爲梁武帝
高度重視有關（當然，它也確是梁代佛教建築和佛教藝術的一項
偉大工程）。

　　由於劉勰入仕之後，他所從事的佛教活動已經政治化，和他
在仕途上的遷升統一起來了，因此劉勰思想中的佛儒矛盾至少暫
時得到解決，也不再具有前期那種和對人生痛苦的體驗相聯的深
刻的思想意義了。以上述石像碑來說，通篇以歌頌梁王朝、梁武
帝爲宗旨，完全說不上有什麼深刻的思想。但劉勰既然是以一個
佛教界的重要人士的身份而入仕梁王朝的，這又極大地限制了他
在仕途上的發展，並釀成了他晚年的悲劇性的結局（詳另考）。

四、劉勰感夢孔子、《文心雕龍》的
寫作時間及劉勰生年問題

關於《文心雕龍》寫作時間的考察，〈時序〉中有一段關鍵性的話：

> 曁皇齊馭寶，運集休明。太祖以聖武膺籙，世祖以睿文纂業，文帝以貳離含章，高宗以上哲興運，並文明自天，緝熙景祚。今聖歷方興，文思光被，海岳降神，才英秀發。馭飛龍於天衢，駕騏驥於萬里，經典禮章，跨周轢漢，唐虞之文，其鼎盛乎！鴻風懿采，短筆敢陳；揚言贊時，請寄明哲。

清劉毓崧《通義堂文集·書文心雕龍後》據此考得《文心雕龍》應寫成於齊永泰元年八月之後，中興二年四月之前。此論甚確，已得到多數人之承認。劉汝霖《東晉南北朝學術編年》認為「今聖歷方興」一語乃指梁代，故將《文心雕龍》成書係於梁天監元年，不確。蓋因劉勰既云「曁皇齊馭寶」，則其下所述，必在齊代之範圍。如「今聖歷方興」乃指梁而言，則上文不能言「皇齊馭寶」。雖然梁武帝亦屬蕭氏，但當了皇帝與未當皇帝大不相同。蕭衍既即帝位，改國號曰梁，則此時劉勰著書涉及齊代，即不得再稱「皇齊」。這是古來文人著書的通例，難於否認的。除非劉勰入梁後不承認梁朝，仍以齊朝的遺民自命。但如以齊朝遺民自命，就又不會以「今聖歷方興」這樣的措詞來指梁朝。

據《文心雕龍·序志》，劉勰是當「齒在踰立」，感夢孔子，

醒後極讚孔子之偉大，思有以「敷贊聖旨」，乃始著《文心雕龍》的。今《文心雕龍》旣寫於永泰元年八月後，則劉勰之感夢孔子當在此年八月之前或之後。究竟在何時，這當然只有劉勰本人知道了。但如我們承認人們做夢總與生活中發生的事有某種聯繫，那麼值得注意的是齊明帝（亦卽高宗）曾在永泰元年三月下了一道復孔子祭秩詔。全文如下：

> 仲尼明聖在躬，允光上哲。弘厥雅道，大訓生民。師範百王，軌儀千載。立人斯仰，忠孝攸出。玄功潛被，至德彌闡。雖反袂遐曠，而桃薦靡闕。時祭舊品，秩比諸侯。頃歲以來，祀典陵替。俎豆寂寥，牲奠莫擧。豈所以克昭盛烈，永隆風教者哉！可式循舊典，詳復祭秩，使牢饌備禮，欽饗兼申。（《南齊書・明帝紀》）

這個詔書極熱烈地讚頌了孔子，而且是爲恢復對孔子的祭秩而下，目的是爲了教人追思紀念孔子，弘揚儒道。也可能在下詔之後，曾擧行了祭孔的活動（史無明文記載）。在這種情況下，我們可以推想，自幼篤信儒學，入定林寺後又始終不願變服出家，思想上仍堅持著儒學的劉勰，其感夢孔子，可能與明帝下詔頌揚孔子和恢復祭孔的活動有關。特別是祭孔這一點，自然更可能引發夢到孔子。當然，這純屬推想。但劉勰感夢孔子旣在永泰元年八月之前或之後，而此年三月又有齊明帝下詔頌孔和祭孔之事，則兩者之間完全可能存在著某種聯繫。前引劉勰在〈時序〉中對齊代的敍述，有「高宗以上哲興運」一語，看來並非泛泛言之，而是實有所指。其中「上哲」應卽明帝詔書所言「仲尼明聖在躬，允

光上哲」之「上哲」，指孔子。說「高宗以上哲興運」，意卽明
帝以孔子之道興運。再考明帝曾於建武四年正月下興學詔，修國
學；又於建武元年十月和次年十月兩次下崇儉詔，倡禮讓之風。
在永明之後，他確是一個較爲重視儒學的君主，非後來的東昏和
和帝可比。劉勰言「高宗以上哲興運」是有根據的，並可由此推
想明帝下復孔子祭秩詔一事，給劉勰留下了極深刻的印象。他感
夢孔子和醒後極讚孔子之偉大，可能與此詔對孔子之熱烈讚頌有
關。而且此詔看來還可能給了劉勰決定著《文心雕龍》以很大影
響。因爲劉勰決意著《文心雕龍》，是感夢之後，極讚孔子之偉
大，爲了「敷贊聖旨」而作的，這正是明帝下詔的宗旨所在。詔
中讚頌孔子「弘厥雅道，大訓生民」，又言恢復對孔子的祭祀，
是爲了「克昭盛烈，永隆風教。」這當然就要如劉勰所言，致力
於「敷贊聖旨」，弘揚儒道了。所以，劉勰之著《文心雕龍》，
無疑與他一貫篤信儒學而又極爲喜好文學有關，但就他終於下定
決心寫這部書，「攡筆和墨，乃始論文」而言，明帝下詔一事可
能起了十分重要的鼓舞、推動作用。

　　劉勰是當「齒在踰立」，感夢孔子之後而決心著《文心雕
龍》的。因此，考得《文心雕龍》寫作的時間，卽可據以推定劉
勰之生年。如上所說，按劉毓崧考證，《文心雕龍》作於齊永泰
元年八月之後，這是可靠的。但仍只是一個大的時限，卽《文心
雕龍》之作不可能在此之前，而只能在此之後。具體而論，究竟
始於何時，或將是永遠難於確指的了。但如以上所言劉勰感夢孔
子而著《文心雕龍》與齊明帝於永泰元年三月下復孔子祭秩詔有
聯繫的話，則不會離下詔的時間太遠或很遠。這樣也就可以推
想，在永泰元年八月後劉勰已開始寫作《文心雕龍》，卽其開始

寫作不會遲於永泰元年。此外，劉勰在〈序志〉中是先說他生七歲夢彩雲若錦，攀而採之，緊接著就說到「齒在踰立」感夢孔子，從行文語氣上看，所謂「踰立」不會是過去了很久，而是過去不久，甚或剛剛過去。因此，這個「踰立」之年，我以爲推定爲三十一歲的樣子較合理。如以永泰元年劉勰爲三十一歲，則其生年當在宋泰始三年，卽西元 467 年。

五、劉勰〈滅惑論〉寫成的時間

〈滅惑論〉是留存至今的，除《文心雕龍》之外，劉勰的另一篇，也是僅存的一篇理論著作。據《梁書·劉勰傳》，劉勰有文集行於世，但《隋書·經籍志》已不見著錄，想是隋時卽已亡佚。劉勰所寫的碑銘至今僅存一篇，但我們還可知道另外幾篇的目錄。而理論方面的著作，則除《文心雕龍》與〈滅惑論〉之外，一篇也不知道。關於劉勰所寫的碑銘，與膳宏〈文心雕龍與出三藏記集〉一文言之甚詳，玆不再考，僅於年表中標出。現在需要考索一下的是〈滅惑論〉寫成的時間問題。這問題有兩說，一說成於齊，一說成於梁。我主張成於齊。

爲了查明〈滅惑論〉寫成的時間，首先需要查明〈滅惑論〉所駁斥的〈三破論〉行世的時間。而要弄清這個問題，又需弄清〈三破論〉的作者爲誰。

關於〈三破論〉的作者，一稱齊顧歡作，見宋釋德珪《北山錄註解隨函》；一稱「道士假張融作」，見《弘明集》卷八釋僧順〈釋三破論〉題下注，但未指明「道士」爲誰。

本書第四章已指出，〈三破論〉的思想與顧歡〈夷夏論〉有甚爲明顯的聯繫，但〈三破論〉非顧歡所作。現存史傳有關顧歡

的記述也找不到可證〈三破論〉爲顧歡所作的材料、線索。我推想〈三破論〉被認爲由顧歡所作有兩個原因：第一、〈三破論〉反佛的根本觀點確從〈夷夏論〉演變而來；其次，〈夷夏論〉有「佛是破惡之方」之說，顧歡答袁粲駁〈夷夏論〉亦稱「今華風既變，惡同戎狄，佛來破之，良有以也。」且顧歡又曾著有〈三名論〉（言才性四本，與佛道之爭無關）。著〈三破論〉者大約襲取顧歡所提出之「破」的觀念，又將「破」解釋爲佛教破國、破家、破身，並仿效顧歡〈三名論〉以爲題，名曰〈三破論〉。總之，〈三破論〉之出與顧歡及其〈夷夏論〉有不可分離的關係，開始完全可能就是假顧歡之名以行世。但上述《弘明集》卷八中又有〈三破論〉乃「道士假張融作」之說，楊明照《文心雕龍校注拾遺》又認爲此「道士」即是顧歡。顧假張融之名以作〈三破論〉，是「借重融名，無非爲己張目，以售其說耳。」（見上書第804頁）此說大誤，並將問題弄得至爲混亂不清了。考《南齊書》顧歡傳及張融傳，顧死後「武帝詔諸子撰歡《文議》三十卷」，可知顧必死在齊武帝永明元年之後，至遲也在永明十一年之前。而張融之卒，史稱在建武四年。可見顧至少是在張死之前四年死去的，決不可能假張之名而作〈三破論〉，《弘明集》所言「道士假張融作」之「道士」也決不可能是顧歡。而且把〈三破論〉之作掛到張融名下，這也是一種對張融其人無知的做法。考張融曾參加過由顧歡〈夷夏論〉所引起的佛道之爭，但在這場爭論中他是主張佛道之本源相通的，持所謂「通源論」，既不同意以佛反道，也不同意以道反佛，和顧歡「雖同二法，而意黨道教」明顯不同（見《南齊書》顧歡傳及張融傳）。而〈三破論〉是最堅決地以道反佛的，與張融思想不同，把它掛到張融

名下是找錯了地方。其所以出現這樣的錯誤，自然是由於當時造
〈三破論〉或宣傳〈三破論〉者的無知。劉勰〈滅惑論〉說〈三
破論〉「義證庸近，辭體鄙拙」，此言甚是。託名張融，也正是
其作者平庸鄙拙的表現。

　　〈三破論〉旣非顧歡作，也非顧歡託張融之名而作，那麼它
究竟是誰人所作呢？從劉勰〈滅惑論〉可以看出，這在劉勰著
〈滅惑論〉時已經是一個弄不清的問題了。劉勰《文心雕龍·史
傳》告訴我們，他是一個極重視史傳的眞實無僞的人。而且以劉
勰之博學，不可能輕信〈三破論〉爲顧歡或張融作。所以，劉勰
在〈滅惑論〉中只提了一句「或造〈三破論〉者，義證庸近，辭
體鄙拙」，未指實〈三破論〉爲誰所作。當然，這也可以解釋爲
劉勰知其作者，但由於某種原因而隱其名，或不屑提其名。即使
如此，也可證劉勰不以〈三破論〉爲顧歡或張融作。因爲此兩人
均爲宋齊時極重要的著名學者，張融更以能文著稱，他們的文章
是決不能斥之爲「義證庸近，辭體鄙拙」的。看來〈三破論〉
的作者是一個謎，我在本書第五章中已指出，他大約是一個匿名
的、知識很淺薄的道士。

　　〈三破論〉之作者問題旣如上述，那麼〈三破論〉之出約在
何時呢？這是關係到〈滅惑論〉寫作時間的又一個重要問題。

　　〈三破論〉之出是直接與顧歡〈夷夏論〉所引起的佛道之爭
相聯的，且其思想與〈夷夏論〉有明白的聯繫。據《南齊書》顧
歡傳，〈夷夏論〉出，「宋司徒袁粲託爲道人通公駁之。」又據
《宋書·袁粲傳》，袁於宋元徽二年領司徒，泰始元年轉司徒左
長史，至宋順帝即位遷中書監，司徒侍中如故，宋升明元年卒。
由此可知，袁駁〈夷夏論〉當在其領司徒之後，即宋元徽二年之

後，升明元年之前。據此，顧歡〈夷夏論〉之作，至遲亦應在升明元年之前。劉汝霖《東晉南北朝學術編年》將〈夷夏論〉之作繫於宋元徽二年。但因袁領司徒後繼續任司徒之時間甚長，其於何時駁〈夷夏論〉之時間又難考索，故將〈夷夏論〉之作繫於元徽二年，仍缺確證。但不論如何，〈夷夏論〉作於宋代後期是無疑的，其引起爭論也是在宋代後期。〈三破論〉之出既與〈夷夏論〉及其引起的佛道之爭緊密相聯，則其出世和流行，當已在齊代。又據〈三破論〉乃「道士假張融作」之說，張融卒於齊建武四年，如在其死前假張融之名，則〈三破論〉之出應在建武四年之前，否則卽在張融死後，卽建武四年後。這樣，我們可以肯定，〈三破論〉之出，就大的時限看，當在齊初至建武年間。又因《弘明集》將〈三破論〉之出與假張融之名相聯繫，所以更有可能是在建武年間。這時劉勰入定林寺已八九年的樣子。由於〈三破論〉之攻擊佛教大量涉及了儒家禮教問題，認為佛教破壞了儒家禮教的根本，因之由既篤信儒學又認同佛教，對兩者均作過深入研究的劉勰出而著〈滅惑論〉，駁〈三破論〉，這從情理上推想起來是很自然的。

王元化在〈滅惑論與劉勰前後期思想變化〉一文（見《文心雕龍創作論》）中，據磧砂藏本《弘明集》中〈滅惑論〉一文題名為「東莞劉記室勰」，以證〈滅惑論〉作於梁時。問題在這完全可能是後人追題，因此尚非確證。王文又據荀濟上書梁武帝反佛，並曾提及〈三破論〉無人能破之，以證梁時有人利用〈三破論〉反佛，故劉勰承梁武帝之意，著〈滅惑論〉以駁之。此說尚需商榷。

考今見於《廣弘明集》卷七荀濟之上書並未提及〈三破論〉。

即令曾提及，苟濟上書之性質仍是站在儒家立場來反對佛教，不同於〈三破論〉站在道教的立場反對佛教。前者是儒佛之爭，後者則是道佛之爭，是宋代由顧歡〈夷夏論〉而引起的佛道之爭的直接繼續。〈三破論〉雖也譴責佛教破壞了儒家禮教，但其立場是道教的，根本目的在論證道教之正確，打擊佛教。苟濟上書則不同，它的出發點與歸宿點均是儒家。如全文末尾云：「夫《易》者，君臣夫婦父子三綱六紀也。今釋氏君不君，乃至子不子，綱紀紊亂矣。」而〈滅惑論〉雖也涉及儒佛關係問題，但從開篇到末尾，主旨均在反駁道教，認為道教是虛假而下流的，根本不足以同佛教相比，並列舉種種和道教相關的事，力斥其「傷政萌亂」，至於極點。最後說道教之攻擊佛教，是「以粗笑精，以偽謗眞，是瞽對離朱，曰我明也。」由此可見，〈滅惑論〉之駁〈三破論〉，純屬佛道之爭，和苟濟上書反佛的儒佛之爭無關，其內容也決非針對苟濟之上書而發。且苟濟上書反佛，在性質上已非儒與佛的理論之爭。它處處聯繫到現實政治，把反佛問題變成了一個政治問題。在這種情況下，是不可能如梁武帝對待范縝的〈神滅論〉那樣，允許進行討論的。因此，即令苟濟提到過〈三破論〉，此時也不可能進行有關〈三破論〉的論辯。考《北史·苟濟傳》，苟濟上書後，「武帝將誅之，遂奔魏。」苟濟上書一事，也就此了結。另外，苟濟上書，其時約在太清元年（參見劉汝霖《東晉南北朝學術編年》第 423-426 頁）。即使按一些人的說法劉勰卒於大同四年，此時劉勰也已死去八年。所以劉勰著〈滅惑論〉和苟濟上表一事是不可能發生什麼關聯的。

任何一種理論上的爭論的發生，均有其特定的歷史條件。從這方面看，〈滅惑論〉也不可能作於梁代。因為此論所涉的是佛

道之爭，至梁已不再是人們所關注的問題。梁武帝捨道事佛之後，佛教力量大增，且大力提倡佛教的梁武帝既很爲重視儒學，也並未竭力排斥道教，基本上是採取三教同源的看法，實行一種寬大的政策。所以《廣弘明集》卷十一載法琳〈對傅奕廢佛僧事〉一文說：「曁梁武之世，三教連衡，五乘并騖。」正因爲如此，自宋至齊由〈夷夏論〉及其後的〈三破論〉所引起的佛道之爭已趨消歇。在梁，我們知道陶弘景是道教最重要的代表人物，而他對梁王朝是取充分合作態度的，梁武帝對之也禮遇甚高，兩人常互相通信。既然入梁後宋齊時很爲尖銳的佛道之爭再不是什麼重要問題，史傳中亦未見有關此問題再次掀起爭論的記載，則劉勰〈滅惑論〉寫於齊而非寫於梁，應是很明白的了。楊明照《文心雕龍校注拾遺》認爲僧祐《出三藏記集》撰於齊，而卷十二所錄《弘明集》子目中已列入〈滅惑論〉，此亦可證〈滅惑論〉成於齊。如前已指出，其時約在建武年間，因此〈滅惑論〉之作早於《文心雕龍》。就劉勰的思想發展來看，從〈滅惑論〉到《文心雕龍》是前進的；而入梁之後，從《文心雕龍》到〈梁建安王造剡山石城寺石像碑〉，則是後退的了（參見考證三）。

六、劉勰與沈約

沈約是與劉勰的一生發生了重要關係的一個人物。《文心雕龍》寫成後，未爲時流所稱，劉勰決心取定於沈約，得到了沈約的高度評價。劉勰決心取定於沈約，這當然首先因爲沈約是當時文壇泰斗和極有影響的人物，並且有樂於獎拔後進的名聲。但除此之外，劉勰決心取定於沈約，並終於得到了沈約的嘉許，可能還有如下一些原因。

　　第一、劉勰對文學的看法深受沈約之影響。這不僅表現在聲律問題上，還表現在對文學的根本性的看法上。沈約《宋書·謝靈運傳論》中說：

　　　　民稟天地之靈，含五常之德。剛柔迭用，喜慍分情。夫志
　　　　動於中，則歌詠外發；六義所因，四始攸繫；升降謳謠，
　　　　紛披風什。雖虞夏以前，遺文不覩，稟氣懷靈，理或無
　　　　異。然則歌詠所興，宜自生民始也。

只消同《文心雕龍》稍加比較，卽可看出用人爲天地之靈，稟五材之性來解釋文學，強調「情」和「氣」，在文學中引入「剛柔」觀念等等，劉勰均與沈約相近、相同。沈約旣重視文辭的美麗，在評劉杳之作品時曾明確說過「麗辭之盈，其事弘多」（見《梁書·劉杳傳》），同時又不否認文學與儒家之道的聯繫，在上引傳論中主張詩是「六義所因，四始攸繫」。這種看法，旣不同於裴子野〈雕蟲論〉的看法，也不同於蕭綱「與湘東王書」的看法。而劉勰所採取的也正是這種看法，雖然他對儒家之道的強調比沈約要更爲強烈。此外，就在上引傳論中，沈約評論歷代文學時所提出的「文以情變」、「以情緯文，以文被質」的看法，以及批評晉代玄風影響下的文學「託意玄珠，遒麗之辭，無聞焉耳」等等，更是明顯地影響到劉勰。

　　第二、在齊梁時士人中不斷在討論的儒佛問題上，沈約主張兩者可以並行不悖，孔子、釋迦均爲聖人，「內聖外聖，義均理一」（見〈均聖論〉）。在這個問題上，劉勰〈滅惑論〉中的看法也與沈約相近、相同。

　　第三、沈約是《宋書》的作者，《宋書》詳細記述了劉勰先祖劉穆之、劉秀之事迹，並對之作了很高的評價。如評劉穆之云：「高祖一朝創義，事屬橫流。改亂章，布平道，尊主卑臣之義定於馬極之間；威令一施，內外從禁，以建武永平之風，變太元隆安之俗，此蓋文宣公（按：卽劉穆之）之爲也。爲一代宗臣，配饗清廟，豈徒然哉！」又評劉秀之，讚其「推鋒萬里」，「鋒戰有獨克出硤之師」（以上見《宋書·劉穆之傳》及劉秀之、顧琛、顧覬之傳後評語）。沈約雖然不一定就知道劉勰爲劉穆之、秀之的後代，但在劉勰則無疑知沈約乃《宋書》作者。因此，劉將其書取定於沈約，很可能懷有一種特殊的感情。

　　沈約對劉勰的書的評價是：「深得文理。」這是一個簡捷而又中肯、準確、深刻的評價。史稱沈約大重此書，「常陳諸几案」，恐不只是擺擺樣子而已。因爲劉勰的《文心雕龍》可說是當時關於文學的一部小型的百科全書，它是可供不時翻閱參考的。

　　關於劉勰將其書取定於沈約的時間，劉毓崧據《梁書·劉勰傳》中「約時貴盛」一語，考定在和帝之時。我以爲甚確，玆不再論。

七、劉勰的入仕

　　劉勰的《文心雕龍》得到沈約的高度讚譽，以及劉勰在文學方面的特出成就，包括以寫佛教碑銘而聞名京師，都是後來劉勰入仕的重要條件，但並不是最重要、最根本的條件。劉勰的出身地位低下，在入仕前不過是依靠寺院生活的一個文人。他要走上仕途，就必須具備某種條件，使他能和梁王朝發生聯繫，並受到重視。

　　這個條件，在梁天監初年出現了。這就是梁武帝決心捨道事佛，奉佛教爲國教，率公卿百官事佛，並多次捨身，對各大寺院的名僧倍加優禮。劉勰所追隨的僧祐，是當時極著名的律學大師，也受到了梁王室很大的禮遇。《高僧傳》卷十一〈僧祐傳〉載：「今上深相禮遇，凡僧事碩疑，皆敕就審決。年衰腳疾，聽乘輿入內殿，爲六官受戒，其見重如此。開善智藏法音慧廓，皆崇其德素，請事師禮。梁臨川王宏、南平王偉、儀同陳郡袁昂、永康定公主、貴嬪丁氏，並崇其戒範，盡師資之敬。」僧祐地位的這種空前的大變化，當然會使他的重要助手，並已以整理佛經、撰寫佛教碑銘、著《文心雕龍》而聞名京師的劉勰，有了接近梁王室的重要人物，並爲梁王室所重視的條件。沒有這個條件，已入定林寺依僧祐而居的劉勰，有可能會在《文心雕龍》之外又寫出其他著作，但要走上仕途，那是很困難的，甚至是不可能的。

　　《梁書·劉勰傳》稱，劉勰於「天監初，起家奉朝請。」考梁武帝於天監元年即位後即決心斷酒肉，吃齋（見《弘明集》卷二十九上，〈淨業賦並序〉），天監三年四月八日下詔捨道事佛，聲稱「弟子比經迷荒，耽事老子，歷葉相承，染此邪法。習因善散，棄迷知反，今捨舊翳，歸憑正覺。願使未來生世，童男出家，廣弘經教，化度含識，同共成佛。」同年四月十一日，又敕稱「門下大經中說道有九十六種，唯佛一道是於正道。其餘九十五種，名爲邪道。朕捨邪外以事正內諸佛如來，若有公卿能入此誓者，各可發菩提心。老子周公孔子雖是如來弟子，而化迹既邪，止是世間之善，不能革凡成聖。其公卿百官侯王宗姓，宜反僞就眞，捨邪入正。」（以上均見《集古今佛道論衡》卷甲）劉勰得奉朝令請召，當在天監三年前後，即梁武帝捨道事佛，大肆

宣揚佛教的高潮之中。只有在這種情況下，劉勰才可能因僧祐受到梁王室的殊遇而連帶受到重視，進入奉朝會請召的行列。這是劉勰入仕之始。　史又稱劉勰奉朝請後，　中軍臨川王引兼記室。考臨川王宏進號中軍將軍，　在天監三年正月（見《梁書・武帝紀》），　則劉勰任宏之記室當在天監三年正月後。但這仍只是一大的時限，究竟三年正月後何時任記室尚不可考。因之，劉勰之奉朝請，可在天監三年之前，亦可在此年之內。很確定的時間雖已難知，但約在天監二、三年，則應是沒有疑問的。

　　劉勰入仕梁王朝，與梁武帝的事佛，僧祐的大受禮遇分不開。他是以僧祐的重要助手、博通佛教典籍的專家、佛教界的知名人士和文學家的身分走上仕途的。但起重要的決定作用的因素又是他與僧祐的密切關係。種種很爲特殊的條件促成了劉勰的入仕，這是他當年入定林寺時所不能設想的。但是，劉勰的入仕既與他同僧祐的關係和他在佛教界的地位分不開，這就極大地限制了他在仕途上的發展。直至晚年變服出家之前，劉勰始終處於一種不僧不俗的地位。一方面，他入定林寺後未變服出家，不是僧人；另一方面，他之能入仕，在根本上又是靠著他與僧祐的密切關係和他在佛教界的地位、影響。如果他脫離佛教界，像普通世俗的官吏那樣去生活、行動，那麼他在梁王朝的地位就會發生動搖。爲了保持和鞏固自己的地位，他不能不保持自己和僧祐以及整個佛教界的密切關係，並且不能不把他的活動限制在這種關係所容許的範圍內。　即就文學創作而言，　劉勰無疑有多方面的文學才能，　但作爲一個依僧祐而居的佛教界的人物，　他只能寫佛教碑銘，而不能作詞賦或其他非宗教性質的文學作品。如果說他在居於定林寺期間，還能在整理佛經之外寫下《文心雕龍》，那麼在

入仕之後，他作爲佛教界人士這一特殊身分就更加突出，所受的限制也就更多了。因爲歸根到底，劉勰是以這一特殊身分參與梁王朝的政治活動的。他之受到重視，不是由於他的出身門第，或由於他入仕前在政治活動方面有何特殊建樹，甚至也不是由於他在文學上有何特別才能，而是由於他與僧祐的密切關係，他在佛教界的地位、影響。我認爲這是劉勰的幸運之處，但也正是他的悲哀之處。劉勰晚年的啟求出家，與此有密切關係（詳後考）。

八、劉勰與昭明太子

昭明太子蕭統，是與劉勰一生發生了重要關係的又一個人物。

蕭統生於齊中興元年七月，比劉勰小三十多歲。天監元年十一月被立爲皇太子，五年五月出居東宮。劉勰約在天監十一年後得任東宮通事舍人，史稱「昭明太子好文學，深愛接之。」

昭明對劉勰深表愛接，這是由於昭明既好文學，又崇佛教，而劉勰在這兩方面均有很深修養。就文學方面而言，劉勰所著，曾得到沈約高度評價的《文心雕龍》，昭明當不會不知道。我在《中國美學史》第二卷中已經指出，蕭統、蕭綱、蕭繹的文學觀均有受到劉勰《文心雕龍》影響的迹象。其中最爲清楚的一點是：他們都從《易傳》天文、人文的觀點出發來講文學，並以此來論證文學的美的價值。這正是《文心雕龍・原道》的一個重要思想。當然，三蕭的文學觀也和劉勰的觀點有明顯的不同。此外，梁元帝所著《金樓子》，或有襲取《文心雕龍》之處。

在梁，昭明太子在世時的東宮，可說是當時的文學中心。史稱昭明「引納才學之士，賞愛無倦。恒自討論篇籍，或與學士商榷古今，閒則繼以文章著述，率以爲常。時東宮有書三萬卷，名

才並集，文學之盛，晉宋以來，未之有也。」（《梁書·昭明太子傳》）然而，史傳有關東宮文學活動之記載，從未涉及劉勰。《梁書·劉孝綽傳》中言：「昭明太子好士愛文，孝綽與陳郡殷芸、吳郡陸倕、琅邪王筠、彭城到洽等同見賓禮。」此亦未敍及劉勰。這當然是因爲劉勰雖深通文理，但如前所言，他是以佛教界人士的身分躋身於梁王朝之中的，在根本上不同於劉孝綽等文士，不能參加種種吟風弄月、傷春悲秋的詩賦之作。因爲在佛教看來，這都是不應作的「綺語」，有違佛家戒律。不論劉勰內心對此是怎樣看的，作爲佛教界的人士、僧祐的重要助手，他不可能違反這一戒律。所以，在涉及文學的活動方面，劉勰在與昭明的接觸中，大約不外是討論文理，或與佛教有關的文學問題。也有可能參與過《文選》的編輯。

　　昭明在蕭氏三兄弟中，大約是佛教觀念甚深的一個。史稱「太子亦崇信三寶，遍覽眾經。乃於宮內別立慧義殿，專爲法集之所，招引名僧，談論不絕。太子自立三締法身義，並有新意。」（《梁書·昭明太子傳》）由於劉勰博通佛教經論，昭明所進行的此類活動，作爲東宮通事舍人的劉勰，當是參與了的。但史傳在有關其時佛教活動的記述中，亦未見涉及劉勰。我以爲這是由於劉勰雖博通經論，但在佛學理論的研究上，並無引人注目的特殊創造。而且，如前考已指出，劉勰並無進行此種研究的強烈要求。

九、劉勰的出家及死年

　　在有關劉勰生平的考證中，劉勰的出家及死年是一個最難解決的問題。這不僅因爲史傳無明文記載，而且在正史的其他記載

中，也找不到可供推定劉勰出家及死年的史料線索。因此，目前有關這個問題的種種說法，看來都全屬推想，差別只在哪一種推想較爲合理罷了。

《梁書・劉勰傳》關於劉勰的出家及死去是這樣記述的：「有敕與慧震沙門於定林寺撰經。證功畢，遂啟求出家，先燔鬢髮以自誓，敕許之。乃於寺變服，改名慧地。未期而卒。」而上文敘述劉入梁後之事，至約天監十七年八月後劉勰上表陳二郊農社之祭祀宜改用蔬果，遷步兵校尉，兼舍人如故止。因之，我認爲要解決劉勰出家及死年問題，須特別注意這一點，即劉勰遷步兵校尉後，何以又被派往定林寺撰經，證功畢何以又要用「先燔鬢髮以自誓」這種很爲特別的方式向梁武帝表明心迹，自動啟求出家？因爲按照劉勰在《文心雕龍・程器》中所說「窮則獨善以垂文，達則奉時以騁績」的「梓材之士」的理想，他在遷步兵校尉後，應是具備了「達則奉時以騁績」的良好條件了，何以在此之後卻要自動地堅決啟求出家？而且，史稱劉勰曾「出爲太末令，政有清績」，說明劉勰是有從政才能的。那麼在遷步兵校尉後，應更加可以發揮其政治才能，何以非自動啟求出家不可呢？我以爲，如能對此問題作出某種說明，則劉勰出家及死去的年代是大致可以作出比較爲合理的推定的。

然而，正是在這個問題上，缺乏史料可以足資說明。我們可以這樣推想，在劉勰遷步兵校尉後，由於發生了什麼特殊的變故，劉勰在政治上受到排擠，被派往定林寺撰經，證功畢又不可能再回東宮任職，乃憤而啟求出家。因爲劉勰只要在政治上被梁武帝拋棄，那麼他作爲一個長期在佛教界有重要影響的人物，既不可能脫離他原來所在的定林寺去做一個普通的俗士，也難於以

一個未出家的人的身分像過去那樣繼續依僧祐而居（因僧祐已於天監十七年五月死去），剩下的就只有出家一途了。儘管劉勰的出家同他的佛教的思想有關，但就劉勰自入定林寺到入梁王朝做官後一貫的思想表現來看，如果他在遷步兵校尉後在政治上並未受到打擊，以致仕途無望，他是不會自動啟求出家的。假使我的這種推論是能成立的，那麼問題的關鍵就是要找尋在何時和何種情況下，劉勰在政治上遭到了打擊，爲梁武帝所拋棄。

　　求之正史，幾乎連蛛絲馬跡也找不到。但在有關佛教歷史的幾種著作中，卻發現了可資研究的線索。劉汝霖《東晉南北朝學術編年》已述及，楊明照〈梁書劉勰傳箋注〉又進一步把它集中起來。茲照錄如下：

　　宋釋祖琇《隆興佛教編年通論》卷八：「大同元年，慧約法師垂誡門人，言訖合掌而逝。……（大同）三年四月，昭明太子薨。……名士劉勰者，雅爲太子所重。撰《文心雕龍》五十篇。……累官通事舍人。表求出家，先燔鬚自誓。帝嘉之，賜法名惠地。」

　　釋志磐《佛祖統紀》卷三十七：「（大同）三年，昭明太子統薨。……（大同）四年，通事舍人劉勰，雅爲太子所重。……是年，表求出家，賜名慧地。」

　　釋本覺《釋氏通鑑》卷五：「辛亥三（即中大通三年）。四月，昭明太子統辛。丙辰二（即大同二年）。劉勰……表求出家，……帝嘉之，賜法名慧地。」

　　元釋念常《佛祖歷代通載》卷九：「辛亥（即中大通三年）。是年四月，昭明太子薨。劉勰者，名士也。……表

求出家，……帝嘉之，賜法名惠地。」

釋覺岸《釋氏稽古略》卷二：「辛亥。中大通三年四月，
太子統卒。……丙辰。大同二年，梁通事舍人劉勰表求出
家，帝嘉之，賜僧法名慧地。」

這些記述，某些年代的誤記下面再說。最值得注意是都一致認爲
劉勰卒於昭明之後，把劉勰之卒與昭明之卒相聯繫，並很確定地
指出了劉勰的死年。這裏自然有一個問題，何以《梁書》及其他
史書未明言劉勰死於何時，而上述諸書卻說得如此肯定，有什麽
根據可言？可靠嗎？我認爲一般而言，隨意捏造的可能性是不大
的。此五書既然講的是佛教的歷史，而劉勰又同梁時的佛教有極
大的關係，那麽當會有來自佛教歷史材料的根據。著官家正史的
史家或不知，或知而未述，而佛門卻知其事，這不是沒有可能
的。因之，我仍認爲對佛史記載的可信性，似不宜輕易否定。

按照我在上面對劉勰自動啟求出家的原因的認識，我認爲把
劉勰的出家及死去與昭明之死聯繫起來，正可以了解劉勰出家的
原因和死年。茲試論之如下。

據《梁書·劉杳傳》，「昭明太子薨，新宮建，舊人例無停
者，敕特留杳焉。」可見，昭明死後，即有如何處理原在東宮任
職的官員的問題。就見於《梁書》的記載看，有幾種處理方式。
一是外調出京，委以他任。如何思澄，「昭明太子薨，出爲黟縣
令。」（《梁書》何傳）二是罷去原在東宮之官屬，但仍留皇宮
內，委以其他官職。如殷鈞，「昭明太子薨，官屬罷。又領右游
擊，除國子祭酒，常侍如故。」陸襄亦然。「太子薨，官屬罷。
妃蔡氏別居金華宮，以襄爲中散大夫，領步兵校尉、金華宮家

令。」（《梁書》殷傳及陸傳）三是留下，如上述的劉杳，這是
個別的特殊情況。劉勰不屬於上述三種情況中的任何一種。雖然
劉勰當年在臨川王宏記室任上時曾「出爲太末令」，而且「政有
清績」，但在昭明死後，他既未如上述何思澄那樣出爲縣令，又
未被委以他職或仍留任。而且，值得注意的是，梁武帝特許留任
的劉杳，已於大通元年被任爲步兵校尉兼東宮通事舍人，昭明死
時仍在任中（見《梁書·劉杳傳》）。劉勰原也任步兵校尉兼東宮
通事舍人，梁武帝特許劉杳留任，實即意味著排除劉勰，至少也
是意味著武帝給了劉杳以遠超過劉勰的重視。從上述種種情況推
想，武帝於昭明死後勅劉勰與沙門慧震往定林寺撰經，實是處理
劉勰的一種方法。然而，就劉勰而言，往定林寺撰經還並不意味
著撰經畢後不再委以新職。但撰經畢後，卻未見委以新職，因之
劉勰決心出家，並採取「先燔鬢髮以自誓」這種方式向武帝表明
心迹，啟求出家。勅許之，即得到梁武帝同意，劉勰即於寺變服
出家，改名慧地。據則引佛家史書記載，還有「帝嘉之，賜法名
慧地」等語。《梁書·劉勰傳》雖未如此說，但從「勅許之。乃
於寺變服，改名慧地」來看，似亦可說改名乃未由武帝所改。總
之，武帝對劉勰出家的嘉許，並賜法名，似可說明武帝在昭明死
後，雖已決定不再任用劉勰，但卻不明言，採取派其撰經的方式
使之離開東宮，撰經畢亦不言另有任用，使劉勰只有自行啟求出
家一條路可走，用心亦良苦矣。所謂「嘉許之」，其故或當在
此。而劉勰在入定林寺後長期不出家，在此時自行啟求出家，實
宣告他自青少年時代即夢想著的儒家入仕的理想最後完全破滅。
因之，我推想劉勰以「先燔鬢髮以自誓」的方式啟求出家，是含
有憤慨和對自身命運的悲劇感的。特別是劉氏一門多有剛烈的個

性（見考證一），這種情況更是可能的。

從武帝敕劉勰往定林寺撰經到啟求出家和死去的時間來看，我以爲前引釋志磐《佛祖統紀》的說法較合理。不過它把昭明死年誤爲大同三年，接下去說劉勰大同四年啟求出家。因此，大同三年應改爲中大通三年，相應地大同四年亦應改爲中大通四年。這樣，可以作出此種判斷：中大通三年四月昭明死後，武帝敕劉勰往定林寺撰經。次年撰經畢，劉勰啟求出家，出家後不到一年即死去。享年約六十五歲。

楊明照〈梁書劉勰傳箋注〉據佛史記載及入《梁書・文學傳》下的各個人物的排列次序，考定劉勰卒於大同四年或五年。但這有幾個問題。首先，《梁書・文學傳》各個人物的排列次序並不是嚴格按卒年先後排列的。這已有人指出，茲不再贅。其次，前引《佛祖統紀》作大同四年出家（此亦卽卒年，因出家不滿一年卽卒），而上文作大同三年昭明卒，卽將昭明卒年更正爲中大通三年，則下文大同四年亦應更正爲中大通四年。這樣，大同四年卒之說在佛證中卽不存在了。最後，如作大同四年或五年卒，那麼武帝敕劉勰撰經在何時呢？如在昭明卒年，則至大同四年啟求出家，撰經之時共歷六七年之久。如非極浩繁之經典，當不須如此之長的時日。如確爲極浩繁之經典，應有相當之重要性，想史書或佛記會言其爲何種經典。而今不言，想非須七八年方能撰成之經典。不過，我雖不贊同楊說，我在上面所持的說法，基本上亦只是推想。對於劉勰卒年的較有根據的考定，我在《中國美學史》第二卷第十七章中已經指出，重要是詳查有關梁代佛教的史料，考得武帝派劉勰與慧震往定林寺撰經之時間以致具體情況。但限於我目前的條件，這工作還無法進行。也許雖進行了，仍不

能查到，那麼對劉勰的卒年，也就只能滿足於一種較合理的推想了。但是，在考證上，我們總是希望能得到確切的年代的。所以，我仍期待著博學的學者終於能作出新的、有確證的論斷。

年　　表

約宋泰始三年丁未（西元 467 年）

● 劉勰生。父尚，曾任越騎校尉。祖靈眞，宋司空秀之弟。

● 劉氏一族原爲東莞莒（今山東莒縣）人。晉室南渡後，晉明帝於京口（今江蘇鎮江）僑置東莞郡，以後宋齊諸代相沿未改，故劉勰父祖世居京口。

宋元徽二年甲寅（西元 474 年），約七歲

● 據《文心雕龍・序志》：「予生七齡，乃夢彩雲若錦，則攀而採之。」

齊永明五年丁卯（西元 487 年），約二十歲

● 父已早死，篤志好學，家貧不婚娶。母死後，於此年前後入定林寺依名僧僧祐而居，共十餘年，遂博通經論。在僧祐主持下，參與佛經之整理、研究、分類、著錄、編集，貢獻甚大。史稱「今定林寺經藏，勰所定也。」

● 在依僧祐而居期間，又從事佛教碑銘之寫作，並以此聞名於京師。史稱「勰爲文長於佛理，京師寺塔及名僧碑志，必請勰製文。」

齊永明六年戊辰（西元 488 年），約二十一歲

● 仍居定林寺。

● 沈約上《宋書》。《宋書》對劉勰先祖劉穆之、秀之事

迹記載甚詳，並言及劉勰家世中其他人物。《宋書》行
世，為劉勰所讀，當會對其思想產生影響。（詳考證一）

齊永明七年戊子至九年辛未（西元 489-491 年），約二十二至二
十四歲

　　●仍居定林寺。

齊永明十年壬申（西元 492 年），約二十五歲

　　●仍居定林寺。

　　●釋超辯卒於寺，僧祐為造墓碑所，劉勰撰碑銘。碑文已
　　　佚。

　　●裴子野撰《宋略》，中含被題為〈雕蟲論〉一文，對齊
　　　梁文學思想有重要影響。

齊永明十一年癸酉（西元 493 年），約二十六歲

　　●仍居定林寺。

　　●陸厥、沈約論四聲，對齊梁文學產生重大影響。

齊延興元年甲戌（西元 494 年），約二十七歲

　　●仍居定林寺。

　　●僧柔卒。僧祐為造碑墓所，劉勰撰碑銘。碑文已佚。

齊建武二年乙亥至四年丁丑（西元 495-497 年），約二十八至三
十歲

　　●仍居定林寺。

　　●約在此數年間或稍後，作〈滅惑論〉以駁〈三破論〉。
　　　（詳考證五）

　　●鍾嶸出任南康王蕭子琳侍郎。

齊永泰元年戊寅（西元 498 年），約三十一歲

　　●仍居定林寺。

- 三月，齊明帝下復孔子祭秩詔，熱烈讚頌孔子，令恢復祭孔，以「克昭盛烈，永隆風教。」
- 據《文心雕龍·序志》：「齒在踰立，則嘗夜夢執丹漆之禮器，隨仲尼而南行。旦而寤，乃怡然而喜，大哉聖人之難見也，乃小子之垂夢歟！自生人以來，未有如夫子者也。」爲「敷贊聖旨」，決意著《文心雕龍》。「於是搦筆和墨，乃始論文。」其時當在此年八月後。（詳考證四）

齊永元元年己卯（西元 499 年），約三十二歲
- 仍居定林寺。
- 寫《文心雕龍》。

齊永元二年庚辰（西元 500 年），約三十三歲
- 仍居定林寺。
- 寫《文心雕龍》。

齊中興元年辛巳（西元 501 年），約三十四歲
- 仍居定林寺。
- 寫《文心雕龍》。
- 十月，昭明太子蕭統生。

齊中興二年壬午（西元 502 年）四月前，約三十五歲
- 仍居定林寺。
- 《文心雕龍》已成。自開始寫作至完成，前後將及四年。《文心雕龍·序志》所言「傲岸泉石，咀嚼文義」，實爲此一時期生活之寫照。
- 持《文心雕龍》取定於沈約，獲約之高度讚譽。史稱《文心雕龍》「既成，未爲時流所稱。勰自重其文，欲

取定於沈約。時約貴盛，無由自達。乃負其書候約出，干之於車前，狀若貨鬻者。約便命取讀，大重之，謂爲深得文理，常陳諸几案。」

梁天監元年壬午至三年甲申（西元 502-504 年），約三十五至三十七歲

- ●元年四月，梁武帝蕭衍卽位。十一月立蕭統爲皇太子。
- ●二年十月，晉安王綱生。
- ●三年四月八日，梁武帝下詔捨道事佛。十一日，又敕公卿百官事佛。
- ●約當天監二、三年間，劉勰奉朝會請召。
- ●天監三年四月後，被中軍臨川王宏引兼記室。
- ●同年，鍾嶸被衡陽王簡引爲寧朔記室。

梁天監四年乙酉（西元 505 年），約三十八歲

- ●在臨川王宏記室任中。

梁天監五年丙戌（西元 506 年），約三十九歲

- ●在臨川王宏記室任中。
- ●五月，昭明太子出居東宮。

梁天監六年丁亥（西元 507 年），約四十歲

- ●在臨川王宏記室任中。

梁天監七年戊子（西元 508 年），約四十一歲

- ●在臨川王宏記室任中。
- ●八月，湘東王繹生。
- ●十一月，梁武帝以佛教典籍浩繁，命僧智、僧晃、劉勰等十三人同集上定林寺，抄一切經論，以類相從，爲《眾經要抄》。

●同年，范縝著〈神滅論〉。

梁天監八年己丑（西元 509 年）約四十二歲

●四月，《眾經要抄》成，凡八十八卷。

●四月後，遷車騎倉曹參軍。又出為太末（今浙江衢縣）令，史稱「政有清績」。

梁天監九年庚寅（西元 510 年），約四十三歲

●在太末令任上。

梁天監十年辛卯（西元 511 年），約四十四歲

●在太末令任上。

梁天監十一年壬辰（西元 512 年），約四十五歲

●出任仁威南康王績記室，兼東宮通事舍人。史稱「昭明太子好文學，深愛接之。」（詳考證八）

梁天監十二年癸巳（西元 513 年），約四十六歲

●仍在仁威南康王績記室兼東宮通事舍人任中。

●二月十二日，梁武帝敕僧祐督造之剡溪大石佛開鑿。該石佛「坐軀高五丈，立形十丈，龕前架三層臺，又造門閣殿堂，並立眾基業，以充分供養。」（《高僧傳》卷十三，〈釋僧護傳〉）此石佛誠為中國佛教藝術史上之重大創造。

●沈約卒。

梁天監十三年甲午至十四年乙未（西元 514-515 年），約四十七至四十八歲

●仍在仁威南康王績記室兼東宮通事舍人任中。

梁天監十五年丙申（西元 516 年），約四十九歲

●仍在仁威南康王績記室兼東宮通事舍人任中。

●三月十五日，剡溪石佛妝畫完畢。約在此之後至天監十七年（西元 518 年）三月之前，作〈建安王造剡山石城寺石像碑〉。碑文尚存。全文見宋孔延之《會稽綴英總集》卷十。由碑中對剡山自然風貌及石像之描繪推測，在僧祐督造石像之過程中，劉勰可能曾隨僧祐前往該地。

梁天監十六年丁酉（西元 517 年），約五十歲

●仍在仁威南康王續記室兼東宮通事舍人任中。

●四月及十月，梁武帝因主張實行佛教不殺生之教義，先後下詔令宗廟祭祀不用犧牲，改用蔬果。同年十月開始施行。但二郊農社之祭祀仍未改。

梁天監十七年戊戌（西元 518 年），約五十一歲

●五月二十六日，僧祐卒。弟子正度立碑頌德，劉勰撰碑銘。碑文已佚。

●約八月後，上表梁武帝，提議二郊農社之祭祀，宜與宗廟相同，改用蔬果。詔付尚書議，依所言施行。

●上表後，遷步兵校尉，兼東宮通事舍人如故。

●同年，鍾嶸遷西中郎晉安王綱記室，著《詩品》。頃之，卒官。

梁天監十八年己亥（西元 519 年），約五十歲〔按：自此年後至劉勰被敕往定林寺撰經之前，史於劉勰在梁室之官職及活動無記載，故僅列與其生平有關之事件。〕

●釋慧皎著《高僧傳》成。

梁普通七年丙午（西元 526 年），約五十九歲

●四月，臨川王宏卒。

梁大通元年丁未（西元 527 年），約六十歲

　　●劉杳遷步兵校尉，兼東宮通事舍人。

梁中大通元年己酉（西元 529 年），約六十二歲

　　●閏六月，南康王績卒。

梁中大通二年庚戌（西元 530 年），約六十三歲

　　●裴子野卒。

梁中大通三年辛亥（西元 531 年），約六十四歲

　　●四月，昭明太子卒。

　　●五月，梁武帝下詔立晉安王綱爲皇太子。

　　●七月，臨軒策拜，修繕東宮。

　　●新宮建，舊人例無停者。有敕與沙門慧震於定林寺撰
　　　經。（詳考證九）

梁中大通四年壬子（西元 532 年），約六十五歲

　　●撰經畢，遂啓求出家。先燔鬢髮以自誓，敕許之。乃於
　　　寺變服，改名慧地。未及一年，卒。（詳考證九）

後　記

　　這本小書是在傅偉勳兄的推動、激勵之下寫成的。自從我讀了他評介《中國美學史》第一卷的長文——〈審美意識的再生〉之後，我就直感地覺得他是一位學術上很有見地的益友。及至我們兩次會見，又讀了他贈我的《哲學與宗教》一至三集（臺北東大圖書公司出版），更使我們的友誼迅速地加深了。我欽佩他為學術而獻身的坦誠堅毅的精神（這在他的〈哲學探求的荊棘之路〉一文中有感人的敍述），學貫中西的多方面的成就，對偉大中華文化的熱愛，以及不囿於古人，為中華文化的現代詮釋而努力的激情。近年來，他對「中國文化」和「文化中國」的倡導，我以為也很有現實的和歷史的意義。

　　這本書的寫作，是以《中國美學史》第二卷中論劉勰《文心雕龍》的專章為基礎的，但又不是簡單的改寫，而是一本新著。因為本書是把劉勰作為一個哲學家來加以考察的，而且就是對於他的美學思想的論述，也比《中國美學史》第二卷中的論述有了深化和發展。我歷來有一個脾氣，就是很不願重覆已寫過的東西，總覺得寫起來索然無味，提不起寫作的熱情。所以，當偉勳兄約我寫這書時，我就決心拋開我原來所寫的，重新再寫，務求有些新意。但究竟做得如何，就要請讀者和偉勳兄多加指正了。

　　我在寫作的過程中，深深感到劉勰在我國齊梁時期，不但是一位文學理論家，同時也是當時為數極少，不可多得的一位很有

思維的深度和廣度的哲學家。他在中國哲學史上的地位是應予以
充分肯定的。我力求要立足於現代來闡釋他的思想，但正是在這
樣做的時候，我深感自己對西方現代哲學的了解很不夠。我歷來
認為，對西方現代哲學缺乏足夠的了解和研究，中國古代哲學的
研究是難於取得真有重要價值的成果的。因此，我也很同意偉勳
兄所說的「創造的詮釋學」。但對西方現代哲學了解不足，極大
地限制了我。這在我目前也無可如何了，只好從我的實際水平出
發來試著提出一些粗淺的看法。因為我感到多年來對劉勰《文心
雕龍》的研究雖然成績可觀，但從現代的觀點去加以詮釋，卻是
做得很不夠的。而且，由於種種原因，在這方面所作的一些努力、
嘗試，往往會受到冷遇，甚至嘲笑。也許本書也仍難逃此命運，
但我還是想來試它一試。就我自己而言，我自覺對劉勰思想的詮
釋，是建立在我對他的思想的本來含義的了解的基礎之上的。而
且，我還認為，弄清劉勰思想本來的含義，包含對他提出的各種
概念作出解釋，雖然確實需要花力氣，下功夫，但不見得就那麼
難，真正難的還是對他的思想作出現代的詮釋。因為這不是僅靠
把《文心雕龍》讀得爛熟所能奏效的，它需要多方面的素養，開
濶的視野，哲學上的深思熟慮，和創造的精神。這樣一種詮釋，
就不只是告訴人們劉勰曾經說了些什麼，還要告訴人們他的思想
在歷史上和在今天所具有的意義，在人類整個思想發展行程中所
處的地位，對我們今天還可能具有的價值，等等。因此，這樣一種
詮釋也就變成了詮釋者的一種創造性的思維，一種藉助於歷史而
發展新的理論的努力，而決不只是講劉勰這麼說、那麼說了。但
這還只是我所懸的一種理想，本書是遠遠沒有達到此種水平的。
在目前，只能以「雖不能至，心嚮往之」來聊以自解。

　　末了，需要説明一下的是，我至今未能讀到臺灣學者研究
《文心雕龍》的眾多著作，所以在參考書目中只好缺而不列。好
幾年前，我曾托一位英國朋友姜苦樂(J. Clark)先生弄到了徐復
觀先生所著《中國藝術精神》一書，讀後使我感到徐先生在中國
哲學和美學的研究上是卓有成就的。從這書後面所附的書目上，
我知道他還有論石濤《畫語錄》的著作。《畫語錄》是一部我很
喜歡的書，青年時代就曾作過一些研究。另外，我又從別的文章
得知，他的《中國文學論集》還收有論《文心雕龍》的著作，但
都未得一睹。在寫這書之前，未能讀到徐先生及其他學者論《文
心雕龍》的著作，在我心裏總覺是一大缺憾。但這在目前也是無
可如何的了。

劉　綱　紀

一九八八年十二月九日

主要參考書目

《梁書》（武英殿本）

《全梁文》（嚴可均輯：《全上古三代秦漢三國六朝文》，中華書局，1958年影印本）

《諸子集成》（中華書局，1954年重印本）

范文瀾：《文心雕龍注》（人民文學出版社，1962年版）

楊明照：《文心雕龍校注拾遺》（上海古籍出版社，1982年版）

王利器：《文心雕龍校證》（上海古籍出版社，1980年版）

周振甫：《文心雕龍注釋》（人民文學出版社，1983年版）

王元化：《文心雕龍創作論》（上海古籍出版社，1984年版）

李澤厚、劉綱紀：《中國美學史》第1卷（中國社會科學出版社，1984年版）

李澤厚、劉綱紀：《中國美學史》第2卷（中國社會科學出版社，1987年版）

方立天：《中國佛教與傳統文化》（上海人民出版社，1988年版）

索　引

一、人　名

二、著作名

三、術　語

世界哲學家叢書 (四)

書　　　　　名	作　　者	出版狀況
雅　斯　培	黃　藿	撰　稿　中
聖奧古斯丁	黃　維　潤	撰　稿　中
聖　多　瑪　斯	黃　美　貞	撰　稿　中
梅露·彭廸	岑　溢　成	撰　稿　中
黑　格　爾	徐　文　瑞	撰　稿　中
盧　卡　契	錢　永　祥	撰　稿　中
亞里斯多德	曾　仰　如	已　出　版
笛　卡　兒	孫　振　青	撰　稿　中
盧　梭	江　金　太	撰　稿　中
馬　庫　色	陳　昭　瑛	撰　稿　中
馬　利　丹	楊　世　雄	撰　稿　中
柯　靈　烏	陳　明　福	撰　稿　中
維　根　斯　坦	范　光　棣	撰　稿　中
魯　一　士	黃　秀　璣	撰　稿　中
高　達　美	張　思　明	撰　稿　中
希　克	劉　若　韶	撰　稿　中
萊　布　尼　玆	錢　志　純	撰　稿　中
祁　克　果	陳　俊　輝	已　出　版
德　希　達	張　正　平	撰　稿　中

世界哲學家叢書 (三)

書　　　　名	作　　者	出版狀況
知訥	韓基斗	撰稿中
元曉	李箕永	撰稿中
狄爾泰	張旺山	已出版
哈伯馬斯	李英明	已出版
巴克萊	蔡信安	撰稿中
呂格爾	沈清松	撰稿中
柏拉圖	傅佩榮	撰稿中
休謨	李瑞全	撰稿中
胡塞爾	蔡美麗	排印中
康德	關子尹	撰稿中
海德格	項退結	已出版
洛爾斯	石元康	已出版
史陶生	謝仲明	撰稿中
卡納普	林正弘	撰稿中
奧斯汀	劉福增	撰稿中
洛克	謝啟武	撰稿中
馬塞爾	陸達誠	撰稿中
約翰彌爾	張明貴	已出版
卡爾巴柏	莊文瑞	撰稿中
赫爾	馮耀明	撰稿中
漢娜鄂蘭	蔡英文	撰稿中
韋伯	陳忠信	撰稿中
奎英	成中英	撰稿中
謝勒	江日新	撰稿中
馬克思	許國賢	撰稿中

世界哲學家叢書 (二)

書名	作者	出版狀況
揚雄	陳福濱	撰稿中
劉勰	劉綱紀	已出版
淮南子	李增	撰稿中
袾宏	于君方	撰稿中
永明延壽	冉雲華	撰稿中
宗密	冉雲華	已出版
方以智	劉君燦	已出版
吉藏	楊惠南	已出版
惠能	楊惠南	撰稿中
玄奘	馬少雄	撰稿中
龍樹	萬金川	撰稿中
智顗	霍韜晦	撰稿中
竺道生	陳沛然	已出版
慧遠	區結成	已出版
僧肇	李潤生	已出版
知禮	釋慧嶽	撰稿中
大慧宗杲	林義正	撰稿中
西田幾多郎	廖仁義	撰稿中
伊藤仁齋	田原剛	撰稿中
貝原益軒	岡田武彥	已出版
山崎闇齋	岡田武彥	已出版
楠本端山	岡田武彥	撰稿中
山鹿素行	劉梅琴	排印中
吉田松陰	山口宗之	撰稿中
休靜	金烘泰	撰稿中

世界哲學家叢書 (一)

書　　　　名	作　　者	出　版　狀　況
董　仲　舒	章　政　通	已　出　版
程　顥、程　頤	李　日　章	已　出　版
王　陽　明	秦　家　懿	已　出　版
王　　　弼	林　麗　真	已　出　版
陸　象　山	曾　春　海	已　出　版
陳　白　沙	姜　允　明	撰　稿　中
劉　蕺　山	張　永　儁	撰　稿　中
黃　宗　羲	盧　建　榮	撰　稿　中
周　敦　頤	陳　郁　夫	撰　稿　中
王　　　充	林　麗　雪	撰　稿　中
莊　　　子	吳　光　明	已　出　版
老　　　子	傅　偉　勳	撰　稿　中
張　　　載	黃　秀　璣	已　出　版
王　船　山	戴　景　賢	撰　稿　中
眞　德　秀	朱　榮　貴	撰　稿　中
顏　　　元	楊　慧　傑	撰　稿　中
墨　　　子	王　讚　源	撰　稿　中
邵　　　雍	趙　玲　玲	撰　稿　中
李　退　溪	尹　絲　淳	撰　稿　中
賈　　　誼	沈　秋　雄	撰　稿　中
李　栗　谷	宋　錫　球	撰　稿　中
孔　　　子	秦　家　懿	撰　稿　中
孟　　　子	黃　俊　傑	撰　稿　中
朱　　　熹	陳　榮　捷	撰　稿　中
王　安　石	王　明　蓀	撰　稿　中